Die griechische Küche

Bechtermünz

INHALT

Land UND LEUTE

Staatsform	Republik
Fläche	131 985 qkm
Bevölkerung	10,1 Mill.
Sprache	Griechisch
Religion	Orthodox (83 %)
Währung	Euro (früher Drachme)
Nationalfeiertag	25. März

Zesty und kalt

„Mittagspause", ruft eine griechische Dorfbewohnerin ihrem Mann an einem Sommertag um die Mittagszeit zu, nachdem sie die Mahlzeit aus dem Herd genommen hatte. „Beeil dich, dein Essen wird sonst heiß!" Vermutlich ist jemandem, der noch nie in der hellenischen Republik war, der Zusammenhang von heißem Essen und Griechenland nicht ganz klar. Doch Besucher Griechenlands, die in einer Taverne schon einmal ein lauwarmes Mittagessen reklamiert haben (oder ein kaltes Abendessen, das eigentlich hätte heiß sein sollen), werden beim Zubereiten eines der leckeren Rezepte aus diesem Buch keine Temperaturprobleme dieser Art haben. Hobbyköche können wohlschmeckende griechische Gerichte in jeder gewünschten Temperatur servieren. Und wenn während des nächsten Urlaubs in Griechenland das bestellte Essen wieder einmal weniger heiß ist als erwartet, dann schaffen zwei Worte Abhilfe: „Zesty, parakalo" („Heiß bitte"). Es ist unwahrscheinlich, dass der Teller daraufhin in die Mikrowelle wandert, vielmehr werden die Speisen vermutlich vorsichtig im Backofen oder auf der Kochplatte erwärmt. Wer zu Hause jedoch Mahlzeiten gern im Voraus zubereitet, muss nicht verzweifeln: viele griechische Gerichte sind durchaus für die Mikrowelle geeignet.

Leute

Die griechische Küche – uralt und später geraubt

Auch wenn die griechische Küche im Allgemeinen weniger geschätzt wird als die französische oder chinesische, so ist sie doch die älteste der Welt und wohl auch die gesündeste. So hat Griechenland die weltweit geringste Anzahl von Herzerkrankungen zu verzeichnen. Dies liegt wahrscheinlich am entspannten Lebensstil, am sonnigen Mittelmeerklima (das vermutlich der Grund für die lauwarm servierten Speisen ist) und an den natürlichen Zutaten (wie zum Beispiel reines Olivenöl, frisches Gemüse und Kräuter, saftige Zitrusfrüchte, Fisch, fett- und kalorienarmes Fleisch sowie Molkereiprodukte aus Ziegen- und Schafsmilch). Die Griechen trinken außerdem sowohl zum Kaffee als auch zu alkoholischen Getränken reichlich Wasser. Archäologen und Historiker fanden heraus, dass griechische Köche bereits im Altertum mit Gemüse, Kräutern und Fleisch experimentierten, als andere Zivilisationen lediglich in der Lage waren, Fleisch über dem Feuer zu braten. Aphtonites, einer der sieben großen Köche, die einst als die sieben Weisen Griechenlands galten, erfand zum Beispiel die Wurst. Seine Zeitgenossen stellten indes neuartige Saucen her. Nach der römischen Eroberung Griechenlands wurden griechische Köche nach Italien gebracht, wo die Speisen zu jener Zeit noch auf recht primitive Weise zubereitet wurden. Sie hatten einen nachhaltigen Einfluss auf die italienische Küche.

In reichen römischen Haushalten galt ein griechischer Koch als besonderes Statussymbol. Viel später, zu Zeiten der türkischen Herrschaft in Griechenland, übernahmen die Türken griechische Rezepte, versahen sie mit neuen Namen und gaben sie als ihre eigenen aus. Aus diesem Grund glauben fälschlicherweise viele Menschen, die türkische und die griechische Küche seien identisch. Die ionische Insel Korfu war die einzige griechische Insel, die nicht von den Türken erobert wurde. Korfiotische Rezepte wurden von den Spaniern und Italienern beeinflusst, die die alten griechischen Traditionen mitnahmen und später wieder zurückbrachten. Mit Hilfe dieses Buches können Sie die abwechslungsreiche und nach wie vor in Entwicklung begriffene Kunst der griechischen Küche erleben. Schaffen Sie beim Essen mit griechischer Folklore wie Busuki-

oder Rembetika-Musik eine besondere Atmosphäre. Rembetika ähnelt ein wenig dem amerikanischen Blues. Diese Musik wurde von Mikis Theodorakis, einem der beliebtesten zeitgenössischen Komponisten Griechenlands, von dem auch die Filmmusik zu Alexis Sorbas stammt, auf wunderbare Weise wiederbelebt. Vor dem Essen wünscht man sich in Griechenland „Kaliorexi“ … „Guten Appetit“.

Die Griechen

Die Griechen sind das wahrscheinlich leidenschaftlichste Volk dieser Erde – ihre Leidenschaft bezieht sich einfach auf alles. Selbst ein des Lesens und Schreibens unkundiger Bauer, der auf einer abgeschiedenen Insel lebt und sich in seinem ganzen Leben noch nie weiter als ein paar Kilometer von seinem Dorf entfernt hat, weiß Bescheid über Mythologie, Geschichte, Traditionen, Musik, Politik und Erzeugnisse seines Landes. Seine Frau und seine Töchter kennen sich bestens mit der einheimischen Küche aus. Von Natur aus cholerisch, setzen die Griechen beim Sprechen nicht nur ihre Hände, sondern ihren ganzen Körper ein. Egal, ob sie im Stress oder ganz entspannt sind, spielen die Männer ständig mit ihren Koboloi (Betperlen), während sie in ihrem angestammten Kafenion (Kaffeehaus) sitzen und gemächlich den starken Kaffee schlürfen, der von Außenstehenden oft als türkischer Kaffee bezeichnet wird (da die Türken diese Art der Zubereitung ebenfalls übernommen haben). Neben dem Kaffee haben die Männer meist ein Glas Wasser auf dem Tisch stehen. Später kommt dann noch Ouzo dazu: Anisschnaps, der mit Wasser verdünnt wird und sich dabei milchig verfärbt. Die Kreter und Griechen, die nahe der Türkei leben, trinken dagegen lieber Raki. Zu alkoholischen Getränken serviert man gewöhnlich Mezedes (Appetithäppchen). Dies können zum Beispiel Brot mit Feta-Käse, Tomaten und Oliven sein oder ein paar Sprotten. Außerdem ist es üblich, zu Spirituosen Wasser zu reichen. Möglicherweise ist das ja der Grund, warum man so selten einen betrunkenen Griechen sieht.

„Xenia“ – Fremder und Freund

Die Griechen sind sehr gesellig und gastfreundlich. Ihr Wort „Xenia“ bedeutet sowohl „Fremder“ als auch „Freund“. Um einen Gast zu Hause auf traditionelle Weise willkommen zu heißen, serviert ihm die Hausfrau auf dem Lande eine Süßspeise oder Obstkompott in ihrem besten Festtagsgeschirr. Nach diesem Dessert, zu dem auch ein Glas Wasser gereicht wird, bekommt der Besucher einen Ouzo (oder Weinbrand) und/oder Kaffee angeboten. Auch wohlhabende Griechen in größeren Städten pflegen diese Art der Gastlichkeit. Selbst wenn sie viel zu tun haben, servieren sie (zumindest) Kaffee und eventuell etwas zu essen. Die beste Art, um sich für eine Einladung zum Essen zu bedanken, sind Blumen. Jeder Grieche besitzt einen Garten, selbst wenn es nur ein kleiner Innenhof in einem Mietshaus ist. Blumen sind also sehr beliebt. Sie widerspiegeln das bunte, überschwängliche und erfrischende Naturell der Griechen mit ihrem Stolz auf Herkunft und Traditionen, unabhängig von ihrem Stand in der Gesellschaft.

Land

Essgewohnheiten in GRIECHENLAND

Kein herzhafter Start in den Tag
Wenn Sie zu den Menschen gehören, die ein reichhaltiges Frühstück lieben (mit Frühstücksei und allem Drum und Dran), dann sollten Sie sich über die griechische Art zu frühstücken keinerlei Illusionen hingeben. Für die Griechen spielt das Frühstück keine besondere Rolle.

Das Leben in der hellenischen Republik beginnt zwar bereits im Morgengrauen, doch Millionen von Menschen gehen zur Arbeit, nachdem sie lediglich einen griechischen Kaffee oder Instantkaffee getrunken bzw. in warme Milch getunkten Zwieback oder etwas Gebäck gegessen haben. Manche Großstädter frühstücken auf dem Weg zur Arbeit und kaufen dazu bei einem Straßenhändler einen traditionellen, mit Sesam bestreuten Brotkringel oder einen Maiskolben. Am Nachmittag, vor allem im Winter, eilen dieselben Menschen wieder nach Hause und machen nur kurz Halt, um bei einem armen Mann ein paar heiße Kastanien zu kaufen, die auf Kohlen in einer zerbeulten Blechtrommel geröstet werden.

Wer als Tourist gern etwas typisch Griechisches zum Frühstück essen möchte, dem sei am Morgen Schafsmilchjoghurt mit Honig empfohlen. Die meisten Griechen essen dies zwar gewöhnlich als Dessert nach einem Hauptgericht, aber Touristen serviert man diese Spezialität auf Wunsch auch zum Frühstück.

Vor dem Mittagessen trinkt man in der Regel unzählige winzige Tassen starken Kaffee oder im Sommer Frappé – die definitiv beste Eiskaffee-Variante der Welt.

Das Mittagessen – reichhaltig und üppig
Der Einkauf wird frühmorgens erledigt, da die Qualität der Speisen wesentlich von der Frische der Zutaten abhängt. Der Lebensmittelmarkt in Athen besticht durch seine Vielzahl von Ständen und Spezialitätengeschäften, in deren Auslagen sich appetitliche Frischwaren wie Fleisch, Fisch, Käse oder ganze Berge von Getreide finden. Aromatische Gerüche, ihre Waren anpreisende Händler, diskutierende Kunden und Verkäufer vervollständigen diesen Ansturm auf die Sinne. Zwar gibt es immer mehr Supermärkte, doch die traditionellen Märkte sind aus den Städten und Dörfern einfach nicht wegzudenken. Auf den kleinen Dorfmärkten (die allerdings nicht immer täglich geöffnet sind) verkaufen die Einwohner zum Teil selbst erzeugte Produkte, die sie nicht für den Eigenbedarf benötigen. Die städtischen Restaurants bieten mehr als ein Dutzend traditionelle Gerichte an, die fertig zubereitet in Töpfen oder Thermobehältern warm gehalten werden. Man serviert sie mit knusprigem Brot, das meist extra bezahlt werden muss. Dazu werden separat Gemüse oder Salate gereicht, die man sich am Tisch selbst auftut. Andere kleine Lokale haben sich auf gegrilltes oder am Spieß gebratenes Fleisch spezialisiert, wie zum Beispiel Kokoretsi (in Darm gewickelte Lamm-Innereien). Zu diesen Fleischgerichten isst man Bratkartoffeln und Salat. Kleine Familienrestaurants haben meist ca. vier Gerichte im Angebot und dort ist es (wie überall) üblich, dass der Gast in die Küche kommt, um das auszuwählen, was ihm am appetitlichsten erscheint oder um sich aus erster Hand beraten zu lassen, wenn er aufgrund von Sprachschwierigkeiten an der Speisekarte gescheitert ist.

Wenn irgend möglich, essen Familien zu Hause Mittag. Dort isst man gesund, auch wenn die Auswahl natürlich geringer ist. Ein Mittagessen umfasst eine Suppe, ein Hauptgericht sowie Gemüse und/oder Salat, Brot und Nachtisch (meist Obst). Zu einem richtig üppigen Mahl gehören darüber hinaus Vorspeisen, wie beispielsweise wohlschmeckende Blätterteigpasteten (mit Spinat oder Käse gefüllt), Meeresfrüchte (Tintenfisch, Muscheln, marinierter Oktopus oder kleine Fische) oder gefüllte Weinblätter. Wenn Gäste kommen, serviert man unglaubliche Mengen von Vorspeisen, Hauptgerichten, Salaten, Früchten und Käse – und das nahezu gleichzeitig. Kein Wunder also, dass die Griechen, wie andere Mittelmeervölker, danach eine Siesta nötig haben! Das Leben, ebenso wie die Arbeit beginnt dann erst wieder ab ca. 17 Uhr.

Alltag

Wieder Zeit für eine Mahlzeit – das Abendessen

Teilweise isst man erst 20 Uhr zu Abend und die meisten Tavernen haben bis 1 Uhr nachts geöffnet. In einigen von ihnen bekommt man noch bis 5 Uhr morgens etwas zu essen. Die Preise sind ähnlich wie für ein Mittagessen. Großstädtische Tavernen bieten auch Gegrilltes an und es gibt Musik dazu.

Von morgens bis zum frühen Abend bekommt man etwas Essbares auch in so genannten Galaktopoleia (Milchgeschäfte), die Milchprodukte, Eiscreme, Gebäck sowie Tee und Kaffee im Angebot haben. In Süßwarengeschäften, die Zaharoplasteia heißen, kann man Kekse, Kuchen, Schokolade und Getränke (auch alkoholische in Flaschen) kaufen. Das Kafenion, Treffpunkt der Männer, um zu reden, Karten und Backgammon zu spielen, Kaffee zu trinken oder Ouzo mit Mezedes zu genießen, ist gewöhnlich während der Siesta geschlossen. Mittlerweile werden auch griechische Frauen in den Kaffeehäusern zunehmend akzeptiert. Dies haben sie vor allem ausländischen Touristinnen zu verdanken, die dafür den Weg geebnet haben.

In einer Ouzeri wird, wie sich denken lässt, Ouzo serviert. Doch die meisten Ouzerien offerieren auch einfallsreiche Mezedes und bieten für Leute, die ein leichtes Abendessen bevorzugen, regionale Gerichte an, wie zum Beispiel Omelette. Nachtschwärmer kehren gern für ein spätes Mahl in eine Ouzeri ein. Ein solches Nachtmahl könnte zum Beispiel aus einer Suppe, Fisch (mit Knoblauchsauce), Salat, gefüllten Eiern, Feta, Oliven und Anchovis sowie Wasser und Wein bestehen. Städtische Ouzerien bieten dazu in der Regel Musik – vom Band oder gelegentlich auch live. Vor allem bei jungen Leuten stehen sie hoch im Kurs.

Im Allgemeinen genießt man in Griechenland das beste Essen, wenn man privat eingeladen wird. Mit den Rezepten von Stephanie Souvlis in diesem Buch können Sie vieles zu Hause selbst ausprobieren.

Auf dem Land

Beim Schlendern über einen Dorfplatz werden Sie feststellen und vor allem riechen, dass sich das Leben dort hauptsächlich um die Zubereitung des Essens dreht.

Wenn es sich um ein abgelegenes Dorf handelt, in dem nur einmal pro Woche Markttag ist, dann ist es auch durchaus möglich, dass es in den Häusern keinen Backofen gibt. In der Luft liegt der Geruch von Hefebrot, dessen Teig die Hausfrauen in der eigenen Küche zubereiten und ihn anschließend schnell ins Dorf tragen, um das Brot in der örtlichen Bäckerei backen zu lassen. Höchstwahrscheinlich wacht der Bäcker dort über die goldgelbe Farbe der meisten Brote im Dorf. In der Zwischenzeit gehen die Frauen auf den Markt, wo sie um Obst und Gemüse, lebendes Geflügel, Eier, frische und eingelegte Oliven feilschen. Und wenn sie ihre Einkäufe erledigt haben, ist auch das Brot so gut wie fertig. Bevor sie es abholen können, bleibt noch ein wenig Zeit, um in dem an das Kafenion angeschlossenen Gemischtwarenladen Dosenmilch, Zwieback und andere Vorräte einzukaufen; Zeit, um sich im Haushaltwarenladen nach einer Kasserolle, Pfanne, Kaffeekanne oder einem Topf aus lokaler Keramik umzusehen; Zeit, um beim Schlachter das Fleisch in Augenschein zu nehmen; Zeit, um auf der Straße oder im Kafenion zu plaudern und Zeit, um jeden freundlich zu grüßen, den sie treffen. Wenn das Brot dann fertig ist, tragen sie es stolz nach Hause – vielleicht zusammen mit einer Schüssel Moussaka oder Pastitsio, die ebenfalls im Backofen des Bäckers gegart wurde, und die sie am Morgen zusammen mit dem Brot für die Familie dort abgegeben hatten.

Alltag in GRIECHENLAND

Zeit zum Feiern

Ostern ist ein Fest von allergrößter Bedeutung. Nach der Fastenzeit und dem Gottesdienst um Mitternacht, mit dem der auferstandene Christus willkommen geheißen wird, lässt man sich die Magiritsa (Ostersuppe) schmecken. Manche Nichtgriechen mögen dieses gehaltvolle Gericht aus Innereien, Zwiebeln, Knoblauch, Dill, Reis, Ei und Zitronensauce nicht, obwohl es ausgezeichnet schmeckt. Dazu bricht man vor dem Sonntagsgottesdienst Brot mit rot gefärbten, hart gekochten Eiern darin. Nach dem Kirchgang wird ein Festmahl gehalten, zu dem ein Lamm am Spieß gebraten wird. Für die Gäste hält man besondere Kuchen, Brote und Gebäckstücke (allgemein unter dem Namen Koulouria bekannt) bereit, wobei sich die Rezepte von Region zu Region unterscheiden. Auch Mandelgebäck wird zu Ostern und zu anderen besonders wichtigen Anlässen gebacken.
Am 15. August, zu Mariä Himmelfahrt, gibt es ein Dorffest mit Spanferkel, das mit der gleichen Marinade wie das Osterlamm übergossen wird (Öl, Zitronensaft, Oregano, Salz und Pfeffer). Nur auf dem Land bekommt man Chipura eingeschenkt, einen Schnaps, der aus Traubenschalen hergestellt wird und das griechische Pendant zum irischen Poteen (schwarz gebrannter Whisky) ist, den man aus Kartoffeln gewinnt. Für einen Fremden schmeckt er höchstwahrscheinlich wie eine Mischung aus Abbeizmittel und Nagellack! Holen Sie einfach tief Luft und machen Sie ein freundliches Gesicht. Betrachten Sie den Trinkspruch: „Chronia polla" („Ein langes Leben") als eine Ehre. Die Griechen wissen schließlich, wovon sie reden.

In der Stadt

Die ländlichen Traditionen sind in den Städten zwar nicht in Vergessenheit geraten, doch richtet sich dort, ebenso wie auf dem Lande, das Angebot nach den zur Verfügung stehenden Produkten. So muss man in der Stadt für ein Lago Stifado (geschmortes Hasenfleisch) unter Umständen gepfefferte Preise bezahlen, da es schwer zu bekommen ist, während man auf dem Dorf für das gleiche Gericht zur Jagdsaison nur einen Bruchteil davon bezahlt. Auf dem Festland hat man keine Chance, Tomaten von Santorini zu genießen – das Angebot ist einfach nicht groß genug, um sie von der Insel zu exportieren. Sie sind blutrot und werden ohne künstliche Farb- oder Zusatzstoffe verarbeitet.

Eine gute Mischung

Athen ist ein wahrer Schmelztiegel: die Stadt nimmt so viele hellenische kulinarische Spezialitäten in sich auf wie nur möglich. Das mag zwar etwas merkwürdig klingen, doch die Küche wird sehr schnell durch ausländische Einflüsse negativ geprägt – durch die Fastfood-Ketten der Moderne einerseits und durch die Fremdherrschaft der Vergangenheit anderseits. Nur wenige Rezepte stammen ursprünglich aus Athen, doch die dortigen Küchenchefs bemühen sich um eine abwechslungsreiche Küche, indem sie ihre eigenen Varianten von Gerichten des Festlands und der vielen hundert Inseln, von denen jede ihren eigenen Stil besitzt, kreieren. In den Restaurants der Stadt bekommt man häufiger Innereien serviert als auf dem Lande.
Und doch gelingt es den Köchen Athens nicht, die Sudzukakia (hausgemachte Würstchen) aus der zweitgrößten und nördlichsten Metropole Thessaloniki zu imitieren. Diese Hackfleischröllchen stammen ursprünglich von den Griechen aus dem türkischen Smyrna. Das Besondere daran ist, dass sie mit Cumin (Kreuzkümmel) gewürzt werden.
Korfu ist sowohl eine schöne, kultivierte und europäisch geprägte Stadt als auch eine Insel. Das korfiotische Gericht Sofrito (geschmorter Rinderbraten) und die regionaltypische Art der Fischzubereitung findet man nirgendwo sonst in Griechenland.
Auch die größte griechische Insel, Kreta, besitzt eine eigene kulinarische Tradition. In den Städten Iraklion und Rethimnon gibt es Pasteten und Gebäck, die nur dort angeboten werden. Im Winter serviert man Radikia (wilden Löwenzahn) – und dies, was verwundern mag, anscheinend häufiger in den städtischen Lokalen als auf dem Lande. Er ist grün, ähnelt dem Spinat und wird sowohl warm als

auch kalt mit einem Dressing aus Zitronensaft und Öl gegessen.
Beim Essen geht es sowohl in der Stadt als auch auf dem Land recht gelassen zu. Außer während der Siesta hat man den Eindruck, dass die Griechen ständig essen gehen und damit einer der beliebtesten Arten des Zeitvertreibs frönen.

Das Land
Griechenland besteht zu ca. 75 % aus Bergen, und da Ziegen und Schafe an eine solche Landschaft besser angepasst sind als Rinder, steht Rindfleisch recht selten auf dem Speiseplan der Griechen. Aus Ziegenmilch stellt man Joghurt und herrliche Käsesorten her, wie beispielsweise weichen Halloumi (hervorragend zum Grillen geeignet), Feta (bekannt als Krönung eines jeden griechischen Bauernsalats) und Kefalotiri (Hartkäse zu Bestreuen von Pasta- und anderen Gerichten). Kefalotiri ist mit Parmesan vergleichbar, übertrifft ihn jedoch bei weitem. Mizithra (Frischkäse aus Schafsmilch) schmeckt köstlich, vor allem wenn er von der Insel Ios stammt. Joghurt wird in vielen Rezepten als Marinade verwendet oder man serviert ihn mit Honig (der peloponnesische ist besonders cremig) als Dessert.
Obst und Gemüse sind prall und saftig. In keiner anderen Gegend werden so viele Zitronen verwendet wie in Griechenland – als Salatdressing, als Zartmacher oder Marinade für Fleisch sowie als Zutat für Avgolemono (Ei-Zitronen-Sauce).
Auch Geflügel und Schweine werden in großer Zahl gehalten.

Oliven, Kräuter und wundervolle Weine
An den unteren Berghängen gibt es üppige Olivenhaine, vor allem in der Gegend um Kalamata auf dem Peloponnes.

Wein wird besonders in den Ebenen des Festlandes angebaut, doch ausgezeichnete (ungeharzte) Weine kommen auch aus dem fruchtbaren, hügeligen Hinterland der Ionischen Inseln – vor allem um Cephalonia sowie aus den trockeneren, abgelegenen Inseln Samos und Rhodos vor der türkischen Küste. Champagner aus Rhodos übertrifft dabei alle anderen Sektsorten Griechenlands. Überraschenderweise produziert man auch auf der kargen vulkanischen Insel Santorini erstklassige Weine, vor allem Rosé. In Kiefernwäldern gewinnt man das Harz, das in früheren Zeiten aus den für die Lagerung genutzten Kiefernholzfässer in den Wein gelangte. Dieser geharzte Wein (Retsina genannt) entspricht nicht dem Geschmack der meisten Ausländer, ist jedoch bei den meisten Einheimischen sehr beliebt.
Korfu ist der Obst- und Gemüsegarten Griechenlands. Die dortigen Berghänge sind erfüllt vom Duft von 3500 Pflanzen- und 300 Kräuterarten. Eine lokale Spezialität ist der Kumquat-Likör, der in sechs Brennereien hergestellt wird. In der zentralgriechischen Region Epirus kann man Süßwasserfisch aus den dortigen Seen und Bächen genießen – Forelle, Karpfen und Aal. Für deren Zubereitung verwendet man in ganz Griechenland vor allem Oregano, Dill und Rosmarin.

Das Meer
Der Fisch aus den das griechische Festland und die mehr als 1600 Inseln umgebenden Meeren ist einfach einzigartig. Die Fischer, die von den Inseln mit kleinen Booten (Caique genannt) aufs Meer hinaus fahren, verkaufen einen Großteil ihres Fangs an Händler, die den Fisch dann tiefgekühlt an zahlungskräftige Restaurantbesitzer und Exporteure in Städten wie Athen, Piräus, Patras und Kavala weiterverkaufen. Doch auf den von Touristen stark frequentierten, farbenfrohen Fischmärkten der Inseln ist das Angebot immer noch ausreichend für Besucher und Einheimische, die während der Fas-

tenzeit auf den Fisch angewiesen sind (da in dieser Zeit kein Fleisch gegessen wird). Im Laufe der vergangenen Jahre sind die griechischen Köche – eigentlich absolute Frische-Fanatiker – dazu übergegangen, tiefgekühlten Fisch zu verarbeiten. Nur diejenigen, die sich dazu bislang nicht durchringen konnten, handeln noch immer mit den Fischern am Hafen um den besten Preis für frischen Fisch.

Fischgerichte

Bereits seit Jahrhunderten treiben die Griechen die Zubereitung von Fisch zur Perfektion: so zart und saftig, dass man das Meer geradezu riechen kann. Die Griechen waren es auch, die Taramosalata (Fischrogenpaté) in der Welt verbreiteten und Kalamari, den einfachen Tintenfisch, populär machten. Sein Fleisch ist durchaus zart, wenn es gegrillt, in Teig frittiert oder mit einer Füllung aus Pinienkernen, Reis, Tomaten, Rosinen, Minze und Petersilie gebacken wird.

Auf der ionischen Insel Kythera gibt es ein sensationelles Gericht aus geschmortem Tintenfisch mit Zwiebeln, Wein und Unmengen von Petersilie und Tomaten.

Zu den landesweit beliebtesten Mezedes gehören marinierter Oktopus und Marides. Bei letzteren handelt es sich um winzige Breitlinge (Sprotten), die angesichts der in Griechenland üblichen Portionen an sich schon eine vollständige Mahlzeit bilden können. Die Kreter bereiten Oktopus mit Fenchel und Wein zu und servieren auch Schnecken auf äußerst wohlschmeckende Weise (gebraten mit Essig oder geschmort mit Tomaten, Weizen oder Kartoffeln). Auf den Inseln Ios und auf Kreta gelten Schnecken als Spezialität.

Eine Fischsuppe als Vorspeise oder auch als Hauptgericht mit Brot und Salat schmeckt ebenfalls ausgezeichnet.

Aus Flussbarsch, Kabeljau oder Makrele lässt sich ein phantastisches Stifado zaubern (ein Schmorgericht mit Zwiebeln). Auf vielen Inseln gibt es Garnelen-Saganaki in verschiedenen Variationen (gebackene Garnelen mit Zwiebeln, Tomaten und Käse). Sardine, Tintenfisch, Schwertfisch und Meeräsche gehören zu den zahlreichen Fischarten, die gegrillt mit Zitronensaft oder mit einer Knoblauchsauce serviert werden. Auch Kräuter, Öl und Tomaten werden für die Zubereitung von Fisch verwendet. Gebackener Fisch (wiederum mit Knoblauch) von der saronischen Insel Spetse ist weit über die Grenzen Griechenlands hinaus bekannt. Hummer, mit seinen langen Scheren, gibt es vor allem in Piräus und auf den Inseln Korfu und Mykonos. Doch selbst der Hummer muss sich dem beliebtesten und teuersten griechischen Fisch, der Barbunia (See- oder Rotbarbe), beugen. Barbunia reicht man unberührt von jeglicher Sauce, lediglich in der Pfanne gebraten oder mit Olivenöl und Zitronensaft gegrillt.

Traditionelle griechische Küche für nichtgriechische Köche

Alle in dieser Einführung erwähnten Gerichte sowie die von Stephanie Souvlis zusammengestellten und getesteten Rezepte sind authentische griechische Speisen traditioneller Art. Man kann davon ausgehen, dass die Rezepte, auch wenn die fremden Eroberer sie umbenannten und als ihre eigenen ausgaben, im Wesentlichen so geblieben sind, wie sie schon vor Jahrhunderten waren – und das ist das Wundervolle an der griechischen Küche!

Viele in Griechenland lebende Griechen sind äußerst zurückhaltend, was fremdländische Küche angeht. Als auf der Insel Kythera lebende Australierin unternahm ich eines Tages den Versuch, etwas von der wunderbaren Gastfreundschaft, die mir entgegengebracht wurde, zurückzugeben. So bereitete ich für meine Nachbarn einen (zumindest meiner Meinung nach) zauberhaften Hasenbraten (der dort sehr rar ist) nach französischer Art zu.

Sie aßen wenig – lediglich kleine Happen der Höflichkeit. Später sagte man mir: „Das Olivenöl war minderwertig." Woher sollte ich denn wissen, dass man beim Geschmackstest von Olivenöl auf den Jahrgang, das Anbaugebiet und selbst auf den Hersteller achtet? Meine Freundin Theohari empfahl mir, nur noch griechisch zu kochen und bot mir freundlicherweise Unterstützung an. So schaute ich ihr beim Kochen zu, roch und kostete hier und da und ging anschließend nach Hause, um die Rezepte an Mann und Kind auszuprobieren!

Mit meinen Kochkünsten konnte ich in Griechenland keine Anerkennung finden. Meine Radikia (gekochter Löwenzahn), die ich am Hang gepflückt hatte, erwiesen sich als gekochte Brennnesseln! Den Weg zu den Herzen der Menschen in meiner Wahlheimat fand ich letztendlich mit einer Cremespeise aus zypriotischem Weinbrand, Dosenmilch und bestreut mit Zimt. Wenigstens die entsprach dem Geschmack meiner Freunde!

Durch den Tourismus und Ehen zwischen Griechen und anderen Nationalitäten ist es jedoch im Laufe der vergangenen Jahre zu spannenden Veränderungen gekommen. Manche griechische Restaurantbesitzer lassen sich von ihren ausländischen Ehepartnern beeinflussen. Auf der entlegenen Kykladeninsel Folegandros stieß ich zum Beispiel auf dem Dorfplatz auf eine erstaunliche Kombination aus schweizerischer und griechischer Küche.

Diese Einleitung enthält keine Rezepte (da Sie auf den übrigen Seiten dieses Buches genug interessante Gerichte finden werden). Mein Anliegen war es, Ihnen etwas von der Tiefe, Breite und kulinarischen Entwicklung der griechischen Küche nahe zu bringen. Lang leben die griechischen Traditionen!

Kerry Kenihan

Vorspeisen

MEZEDES

Servieren Sie zu Beginn Dips mit knusprigem Brot. Typisch griechische Dips sind zum Beispiel Taramosalata (Fischrogenpaté) – besonders zu empfehlen als Füllung für Artischocken – und Tzatziki (Gurke mit Joghurt und Minze).
Als Aufstrich serviert man Melitzansalata (was wörtlich übersetzt Auberginensalat bedeutet, in Wirklichkeit jedoch ein Auberginenpüree ist) oder Hummus (Kichererbsen) mit Erdnussbutter. Pasteten mit verschiedenen Füllungen (Käse, Spinat, Champignons und Fleisch) bereitet man aus dünnem Blätterteig zu, der für Nichtgriechen schwierig herzustellen ist – aber zum Glück gibt es ihn tiefgekühlt im Supermarkt.
Mezedes (Appetithäppchen) haben, wie zuvor bereits beschrieben, in Griechenland eine ähnliche Tradition wie Antipasti in Italien. Frischer Käse, Oliven und Salami (die auf der griechischen Insel Salamis erfunden wurde und nicht in Italien) sind ebenso lecker wie marinierter Oktopus und Tintenfisch, Dolmades (gefüllte Weinblätter) oder winzige, marinierte und gewürzte Hackfleischbällchen. Auch Muscheln, gebratene Leber und gefüllte Eier (die von den russischen Besatzern der Insel Korfu eingeführt wurden) können ein Essen eröffnen. Oder man reicht am Anfang Omelettes, die man miteinander teilt. Omelettes nach Art der Insel Andros mit scharfen Würstchen, Minze und Kartoffeln schmecken ganz hervorragend und eignen sich gut für ein Brunch-Büffet.

Griechische Käsesorten

Feta ist ein salziger, krümeliger Käse, den man traditionell aus Schafs- oder Ziegenmilch herstellt. Er wird sowohl zum Brot gegessen als auch zum Kochen verwendet und ist in allen gut sortierten Supermärkten erhältlich. Kefalotiri wird häufig aus Schafsmilch hergestellt, ist leicht ölig und eignet sich vor allem zum Reiben. Er lässt sich gegebenenfalls durch italienischen Parmesan ersetzen. Kasseri ist ein weicher, milder Käse aus Schafs- oder Ziegenmilch, der dem italienischen Mozzarella ähnelt. Man kann ihn in Scheiben schneiden und braten oder zum Brot essen. Mizithra gibt es als Frischkäse (der an italienischen Ricotta erinnert), in gesalzener Form oder als gereiften Hartkäse zum Reiben.
Andere beliebte Käsesorten sind Graviera, ein gelber Schafsmilchkäse, der zum Brot gegessen wird und Manouri, ein sehr sahniger Frischkäse aus Kreta, den man gelegentlich mit Honig als Dessert serviert.

TZATZIKI (GURKE MIT JOGHURT UND MINZE)

Zutaten

185 g neutraler griechischer Joghurt
90 g geraspelte Gurke
1 Esslöffel Zitronensaft
1 Knoblauchzehe, zerkleinert
Salz und schwarzer Pfeffer
1 Esslöffel fein gehackte Minze, wahlweise

Zubereitung

1. Alle Zutaten zusammen in eine Schüssel geben und mit Salz und Pfeffer würzen. Die Schüssel mit Plastikfolie abdecken und für mindestens eine Stunde in den Kühlschrank stellen (damit der Geschmack sich entfalten kann).
2. Mit Pitabrot als Dip oder als Sauce servieren.

Ergibt ca. 225 g

DIP AUS GERÖSTETEN AUBERGINEN UND KNOBLAUCH

Zutaten

1 große Aubergine
5 Knoblauchzehen, geröstet
1 Esslöffel Tahin (Sesampaste)
1 Esslöffel Zitronensaft
1 Esslöffel Olivenöl
Salz und schwarzer Pfeffer

Zubereitung

1. Den Backofen auf 200 °C vorheizen.
2. Aubergine und Knoblauchzehen auf ein Backblech legen, mit Olivenöl beträufeln und im Backofen 20 Minuten rösten. Anschließend herausnehmen und das Fruchtfleisch aus dem Inneren der Aubergine entfernen. Das Fruchtfleisch und den gerösteten Knoblauch in eine Schüssel geben.
3. Mit dem Pürierstab oder in der Küchenmaschine zerkleinern. Anschließend Tahin, Zitronensaft und Olivenöl zugeben und alle Zutaten zu einem Püree verarbeiten.

4. Nach Belieben mit Pfeffer und Salz abschmecken und mit Brot servieren.

Ergibt ca. 500 g

TARAMOSALATA (FISCHROGENPATÉ)

Zutaten

4 Scheiben altbackenes Weißbrot (3 Tage alt)
90 g Taramosalata (roter Kaviar) im Glas
185 ml Pflanzenöl
185 ml Olivenöl
Saft einer Zitrone
1 Esslöffel Wasser

Zubereitung

1. Vom Brot die Rinde entfernen und das Brot für 10 Minuten in Wasser einweichen. Anschließend das Brot ausdrücken, bis es trocken ist und in eine Schüssel geben. In der Küchenmaschine eine Minute zerkleinern. Danach den Kaviar zugeben und nochmals eine Minute pürieren.
2. Während des Pürierens langsam das Öl hineinlaufen lassen und alles zu einer cremigen Masse verarbeiten.
3. Zitronensaft und Wasser hinzufügen und nochmals pürieren. Die Masse in eine Schüssel geben und kalt stellen. Taramosalata lässt sich im Kühlschrank bis zu 7 Tagen aufbewahren.
4. Mit getoastetem Pitabrot servieren.

Ergibt ca. 615 g

GEFÜLLTE WEINBLÄTTER (DOLMADES)

Zutaten

250 g Zwiebeln, gehackt
410 g Rundkornreis
150 ml Öl
1 Esslöffel Dill, fein gehackt
115 g Minze, fein gehackt
1 Esslöffel Salz
40 kleine Weinblätter
150 ml Zitronensaft

Zubereitung

1. Zwiebeln, Reis, Öl, Kräuter, Salz und Zitronensaft in einer Schüssel verrühren. Etwas Wasser zum Kochen bringen und die Weinblätter in kochendem Wasser 15 Minuten einweichen.
2. Anschließend 10 Minuten in kaltes Wasser geben und zum Trocknen auf ein Geschirrtuch legen.
3. Zum Füllen: einen Esslöffel der Reismischung in die Mitte eines jeden Weinblattes geben und die Blätter zu kleinen Päckchen wickeln. (Falls die Blätter sehr klein sind, Füllmenge reduzieren.)
4. Die gefüllten Weinblätter in einen Topf geben und mit kochendem Wasser bedecken. Dem Wasser 50 ml Zitronensaft zusetzen. Die Weinblätter mit einem Teller abdecken und eine Stunde garen (bis die Blätter weich sind).

Ergibt ca. 35 – 40 Dolmades

BABY-OKTOPUS MARINIERT MIT OLIVENÖL UND OREGANO

Zutaten

80 ml Olivenöl
Schale einer Zitrone
2 Esslöffel Zitronensaft
75 g Schalotten, in dünne Ringe geschnitten
2 Teelöffel Oregano, fein gehackt
Salz und frisch gemahlener Pfeffer
750 g Baby-Oktopus, gesäubert
Salatblätter zum Servieren

Zubereitung

1. Olivenöl, Zitronenschale, Zitronensaft, Schalotten, Oregano, Pfeffer und Salz in einer Schüssel verrühren. In diese Marinade den Oktopus legen und eine Stunde ziehen lassen.
2. Eine Grillpfanne vorwärmen, leicht mit Öl einpinseln, den Oktopus hineingeben und 2 – 3 Minuten grillen (bzw. bis er gar ist), dabei mit der Marinade bestreichen.
3. Auf den Salatblättern servieren.

Für 4 Personen

FRITTIERTE SPROTTENBÄLLCHEN

Zutaten

500 g kleine Sprotten (Breitlinge)
75 g Schalotten, in dünne Ringe geschnitten
2 Teelöffel Dill, fein gehackt
Schale von 2 Zitronen
2 Teelöffel Zitronensaft
115 g Mehl
2 Eier, leicht verquirlt
Salz und frisch gemahlener Pfeffer, zum Abschmecken
Olivenöl zum Braten
Zitronenspalten

Zubereitung

1. Die Sprotten in der Küchenmaschine zu einer glatten Masse verarbeiten.
2. Die Masse in eine Schüssel umfüllen. Schalotten, Dill, Zitronenschale, Zitronensaft, Mehl, Eier, Pfeffer und Salz zugeben und alle Zutaten verrühren.
3. Das Öl in einer Pfanne erhitzen, die Masse hineingeben (ca. einen Esslöffel pro Bällchen) und 2–3 Minuten braten (bzw. bis sie goldbraun sind).
4. Mit Zitronenspalten garniert servieren.

Für 4 Personen (ergibt 20 Bällchen)

KÄSETASCHEN (TIROPETES)

Zutaten

310 g Ricotta-Käse
310 g Feta-Käse
4 Eier
weißer Pfeffer
1 Paket Blätterteig
125 g zerlassene Butter

Zubereitung

1. Den Backofen auf 200 °C vorheizen.
2. Ricotta, Feta und Eier in eine Schüssel geben und gut verrühren. Mit weißem Pfeffer würzen.
3. Eine Lage Blätterteig mit der geschmolzenen Butter bestreichen und eine weitere Lage darüber legen.
   Den Teig längs in 4 Streifen schneiden.
4. Zum Formen der Dreiecke* gibt man in die rechte untere Ecke des Streifens in Randnähe einen gehäuften Teelöffel der Käsemasse.
   Diese Ecke wird anschließend diagonal zum linken Rand hin über die Mischung geklappt, so dass ein Dreieck entsteht. Man faltet den Teigstreifen nun so lange von rechts nach links in Dreiecke, bis der Streifen zu Ende ist.
   Die Teigtaschen mit der zerlassenen Butter bestreichen und auf ein Backblech legen.
   Dieser Vorgang wird so oft wiederholt, bis die Käsemasse aufgebraucht ist.
5. Die Käsetaschen im Backofen ca. 20 Minuten backen (bis sie goldgelb sind).

* *Hinweis: Um größere Dreiecke zu erhalten, schneidet man breitere Streifen und benutzt für jede Tasche mehr von der Käsefüllung.*

Ergibt ca. 25 Stück

MARINIERTE CHAMPIGNONS (MANITARIA MARINATA)

Zutaten
125 ml Olivenöl
80 ml Zitronensaft, frisch gepresst
1/2 Teelöffel getrockneter Thymian
1 Fenchelknolle mit Kraut
1 Knoblauchzehe, zerkleinert
1 Stange Sellerie, klein geschnitten
10 schwarze Pfefferkörner
1 Lorbeerblatt
125 ml Wasser
1 kg frische kleine Champignons
1 Zitrone
2 Esslöffel frische Petersilie (gehackt) zum Garnieren

Zubereitung

1. Alle Zutaten (außer Pilze, Zitrone und Petersilie) in einen mittelgroßen Topf geben und zum Kochen bringen. Danach mit geschlossenem Deckel bei niedriger Temperatur so lange garen, bis der Sellerie fast weich ist.
2. Die Stiele von den Pilzen entfernen. Die Zitrone halbieren und die Pilze mit der Schnittfläche einreiben. Die Pilzköpfe in die heiße Flüssigkeit geben und alles weitere 5 Minuten garen.
3. Die Pilze mit einem Schaumlöffel aus dem Topf nehmen und in eine Servierschale füllen.
4. Die Wärmezufuhr erhöhen und die Flüssigkeit aufkochen und eindicken lassen. Die Sauce über die Pilze gießen, abdecken, abkühlen lassen und in den Kühlschrank stellen. Vor dem Servieren mit Petersilie garnieren.

Für 6 – 8 Personen

GEFÜLLTE AUBERGINEN (PAPOUTSAKIA)

Zutaten
4 mittelgroße Auberginen; Salz
Öl zum Braten
2 Esslöffel Olivenöl
1 große Zwiebel, fein gehackt
2 Knoblauchzehen, zerkleinert
500 g Rinder- oder Lammhackfleisch
250 g Tomatenstücke aus der Dose, geschält
2 Teelöffel Tomatenmark
2 Esslöffel Petersilie, fein gehackt
1/8 Teelöffel Muskat
1/2 Teelöffel Zucker
Pfeffer und Salz

Béchamelsauce:
1 Esslöffel Butter
3 Esslöffel Mehl
350 ml Milch; 1 Ei
Pfeffer, Salz und 1 Prise Muskat

Zubereitung

1. Die Auberginen längs halbieren. Das Fleisch zunächst 5 mm vom Rand entfernt rings herum und anschließend kreuzweise einschneiden, ohne dabei die Schale zu durchstechen.
2. Die Schnittflächen mit Salz bestreuen und 30 Minuten ziehen lassen. Danach trocken tupfen und von beiden Seiten in heißem Öl 2 Minuten anbraten. Etwas abkühlen lassen und das Fruchtfleisch vorsichtig aus der Schale schaben, so dass ein dünner Rand stehen bleibt. Das Fruchtfleisch beiseite stellen und die Auberginenschalen in eine feuerfeste Form geben.
3. Zwei Esslöffel Olivenöl in einer Pfanne erhitzen, Zwiebeln und Knoblauch dazu geben und kurz anbraten (bis die Zwiebel weich ist). Das Hackfleisch zugeben und nach dem Anbraten Tomaten (mit Saft), Tomatenmark, Petersilie, Muskat, Zucker, Salz und Pfeffer hinzufügen. Bei geschlossenem Deckel alles 20 Minuten garen. Zum Schluss das zerkleinerte Auberginenfleisch zugeben.
4. Die Auberginenschalen mit der Fleischmasse füllen.
5. Nun die Béchamelsauce zubereiten. Dazu in einem Topf die Butter zerlassen, Mehl hinzufügen und eine Minute anschwitzen. Nach und nach die Milch zugeben und dabei ständig rühren, um Klümpchenbildung zu vermeiden. So lange kochen, bis die Sauce eindickt. Danach den Topf von der Kochstelle nehmen und das Ei schnell und kräftig unterrühren. Mit Pfeffer, Salz und Muskat abschmecken und bei sehr geringer Hitze nochmals 30 Sekunden rühren.
6. Die Sauce gleichmäßig über die Fleischfüllung verteilen. Die Auberginen im vorgeheizten Backofen 30 Minuten bei 180 °C garen. In eine Servierschale umfüllen und heiß als Vorspeise oder Hauptgericht servieren.

Variante: Wenn die Auberginen sehr groß sind, kann man die Béchamelsauce auch weglassen und stattdessen die Hackfleischfüllung mit frischen Tomatenscheiben garnieren. Mit etwas geriebenem Romano-Käse bestreuen und überbacken.

Für 4 – 6 Personen

SPINATPASTETE (SPANAKOPITA)

Zutaten
1 Bund frischer zarter Blattspinat
125 ml Olivenöl
350 g gehackte Schalotten
100 g wohlschmeckender geriebener Käse
1 Esslöffel frischer Dill, fein gehackt
Pfeffer und Salz zum Abschmecken
5 Eier, verquirlt
16 Tafeln Blätterteig
185 ml Olivenöl zum Einpinseln

Zubereitung

1. Spinat sorgfältig waschen und die Wurzeln entfernen. Klein schneiden und zum Abtropfen in ein Sieb geben. In einem Geschirrtuch trocken schütteln. Den trockenen Spinat in eine große Schüssel geben.
2. Öl in einer kleinen Pfanne erhitzen, bis es sehr heiß ist. Das Öl (eine kleine Menge zurückbehalten) über den Spinat gießen. Dadurch fällt der Spinat ausreichend zusammen. In dem restlichen Öl die Zwiebel anbraten, bis sie weich ist und zum Spinat geben. Anschließend Käse, Dill, Salz, Pfeffer und das verquirlte Ei unterrühren.
3. Eine Auflaufform in der Größe 33 x 25 cm einfetten. In die Form eine Lage Blätterteig geben und mit Öl bestreichen. Darauf eine weitere Schicht Blätterteig legen. Dies wird so lange wiederholt, bis sich 8 Teiglagen in der Auflaufform befinden. Auf dem Teig die Spinatmasse verteilen und die Ränder einschlagen. Darauf wieder 8 Teigschichten legen und jede, auch die letzte mit Öl einpinseln. In die obersten Schichten mit einem scharfen Messer Quadrate oder Karos schneiden. Mit etwas Wasser besprenkeln (damit sich der Teig nicht wellt).
4. Im vorgeheizten Backofen 10 Minuten bei 200 °C backen, anschließend die Temperatur verringern und 30 – 35 Minuten bei 180 °C backen (bis der Teig goldbraun und aufgegangen ist). Sobald der Teig aufgeht, ist die Füllung gar. Manchmal färbt sich der Teig recht schnell goldbraun. Lassen Sie sich davon nicht täuschen, sondern decken Sie die Pastete mit etwas Backpapier ab. Das Gericht ist erst fertig, wenn sich der Teig aufbläht wie ein Kissen.

Für 8 Personen

Suppen

SUPPEN – SCHNELL UND UNKOMPLIZIERT

Die einfachste griechische Suppe heißt Avgolemono und lässt sich ganz einfach aus Zutaten zubereiten, die man gewöhnlich im Haus hat: Reis, Ei und Zitrone. Etwas herzhafter schmeckt sie, wenn man Hackfleischbällchen hinzufügt.
Die älteste Suppe ist die dicke Fischsuppe Kakavia, aus der vor langer Zeit die berühmte französische Bouillabaisse entstand. Die Franzosen hatten im Hafen von Marseille die griechischen Seefahrer beobachtet, wie sie das Gericht zubereiteten.
Innereien, die bereits bei der Zubereitung der Ostersuppe Magiritsa erwähnt wurden, sind auch in Patsa, einem Gericht mit türkischem Namen, enthalten. Dabei handelt es sich um einen kräftigen Sud mit Knoblauch, Kutteln und Lammfüßen.
Bohnen bilden die Grundlage für viele wärmende Suppen. Fasolada (Bohnensuppe) aus weißen Bohnen bildet für sich genommen eine vollwertige Mahlzeit. Linsen (Faki) dienen während der Fastenzeit als eines der wichtigsten Nahrungsmittel.
Die kräftige Tomatensuppe, wie sie auf Santorini zubereitet wird, ist einfach unvergleichlich mit ihrem natürlichen Aroma und der tiefroten Farbe. Für Hobbyköche ist eine „gepfefferte" Variante mit Vermicelli (dünnen Nudeln) ebenfalls eine gute Wahl.

HACKFLEISCHBÄLLCHEN IN EIER-ZITRONEN-SUPPE (JUVARLAKIA)

Zutaten
500 g Rinderhackfleisch
1 mittelgroße Zwiebel, gehackt
55 g Petersilie, fein gehackt
55 g Rundkornreis
1 Ei
Pfeffer und Salz
75 g Maismehl
1 l Rinderbrühe
50 g Butter
1 Ei
75 ml Zitronensaft

Zubereitung
1. Hackfleisch, Zwiebel, Petersilie, Reis und Ei zusammen in eine Schüssel geben und mit den Händen gut mischen. Mit Pfeffer und Salz abschmecken. Aus jeweils einem Esslöffel der Fleischmasse kleine Bällchen formen und diese in Maismehl wenden (überschüssiges Mehl abschütteln).
2. Die Fleischbrühe mit der Butter zum Kochen bringen, dann die Temperatur reduzieren und die Hackfleischbällchen in die Brühe geben.
   Im geschlossenen Topf 45 Minuten köcheln (bis die Bällchen gar sind). Etwas abkühlen lassen.
3. Das Ei mit dem Zitronensaft in einer Schüssel verquirlen, anschließend 100 ml von der warmen Brühe zugießen. Diese Mischung zurück in den Topf gießen und sehr vorsichtig erhitzen.
4. Vor dem Servieren mit Pfeffer und Salz würzen.

Für 6 Personen

GEKÜHLTE JOGHURTSUPPE

Zutaten

1 große Salatgurke
250 ml saure Sahne
200 ml Naturjoghurt
2 Esslöffel Weißweinessig
1 Esslöffel Balsamessig
2 Esslöffel frische Minze, fein gehackt
1 Knoblauchzehe, zerkleinert
Salz und frisch gemahlener schwarzer Pfeffer
Minze und Gurkenscheiben zum Garnieren

Zubereitung

1. Die Gurke schälen und raspeln.
2. Saure Sahne, Joghurt und Essig mischen und zu einer glatten Masse verrühren. Gurke, Minze, Knoblauch und Gewürze dazugeben. Abdecken und drei Stunden kalt stellen.
3. Anschließend umrühren, nochmals abschmecken und gekühlt servieren. Zuvor mit einer Scheibe Gurke, einem Zweig Minze und grob gemahlenem Pfeffer garnieren.

Für 4–6 Personen

GEMÜSESUPPE MIT HÜLSENFRÜCHTEN

Zutaten

115 g weiße Bohnen, über Nacht eingeweicht
115 g Kichererbsen, über Nacht eingeweicht
3 Esslöffel Olivenöl
1 mittelgroße Zwiebel, gewürfelt
1 Knoblauchzehe, zerkleinert
1 Stange Lauch (nur der weiße Teil), gewürfelt
1 1/2 l Gemüsebrühe
2 Stangen Sellerie
1 Möhre, gewürfelt
2 Zweige frischer Thymian, fein gehackt
1 kleine Fenchelknolle, geraspelt
2 Zucchini, geraspelt
90 g dicke Bohnen (Saubohnen)
3 mittelgroße Tomaten, gehäutet, entkernt und gehackt
Salz; frisch gemahlener schwarzer Pfeffer
frisch geriebener Parmesan zum Servieren

Zubereitung

1. Die weißen Bohnen und Kichererbsen abtropfen lassen. In einen Topf geben, mit Wasser bedeckt zum Kochen bringen und 15 Minuten garen. Im geschlossenen Topf weitere 30 Minuten leicht kochen. Anschließend abgießen und erneut abtropfen lassen.
2. Das Öl in einem Topf erhitzen und Zwiebel, Knoblauch und Lauch zugeben. Unter ständigem Rühren anbraten bis alles weich ist.
   Brühe, weiße Bohnen und Kichererbsen hinzufügen und im geschlossenen Topf 45 Minuten köcheln (bis die Hülsenfrüchte weich sind).
   Danach die restlichen Zutaten zugeben und alles weitere 15 Minuten garen.
3. Nach Belieben abschmecken und mit frisch geriebenem Parmesan servieren.

Für 4–6 Personen

KICHERERBSENSUPPE MIT GERÖSTETEN TOMATEN UND KNOBLAUCH

Zutaten

500 g getrocknete Kichererbsen
1 kg Roma- oder Eiertomaten
1 Knoblauchknolle
85 ml Olivenöl
Salz
2 Esslöffel Oregano, getrocknet
2 Stangen Lauch (nur der weiße Teil), in Ringe geschnitten
1 l Hühnerbrühe
2 Esslöffel Tomatenmark
Pfeffer und Salz
frische Oreganoblätter

Zubereitung

1. Die Kichererbsen über Nacht in kaltem Wasser einweichen. In einen Topf geben und mit Wasser bedeckt zum Kochen bringen. Anschließend ca. 1 Stunde garen, bis die Kichererbsen weich sind. Danach abgießen und beiseite stellen.
2. Den Backofen auf 200 °C vorheizen. Die Tomaten halbieren und auf ein Backblech legen. Die Knoblauchknolle ebenfalls auf das Backblech legen und zuvor den oberen Teil abschneiden.
3. Alles mit Olivenöl beträufeln, mit Salz und getrocknetem Oregano bestreuen und im Backofen 20 – 30 Minuten rösten.
4. Die Tomaten und fünf geschälte Knoblauchzehen (den Rest beiseite stellen) in der Küchenmaschine eine Minute lang pürieren.
5. Die Hälfte der Ölmenge erhitzen und den Lauch drei Minuten darin anbraten. Mit Brühe aufgießen und zum Kochen bringen. Anschließend die Temperatur reduzieren und weiter köcheln lassen.
6. Pürierte Tomatenmasse, Tomatenmark und Kichererbsen zugeben, mit Pfeffer und Salz abschmecken und erhitzen.
7. Unmittelbar vor dem Servieren mit frischen Oreganoblättchen bestreuen.

Für 4 Personen

HÜHNER-ZITRONEN-SUPPE (SOUPA AVGOLEMONO)

Zutaten

1 1/2 l Hühnerbrühe
350 g Hähnchenfleisch, in dünne Streifen geschnitten
150 g Risoni-Nudeln (Reis)
1 Ei
Saft einer Zitrone
Salz
gemahlener schwarzer Pfeffer

Zubereitung

1. Die Hühnerbrühe in einem Topf zum Kochen bringen. Die Temperatur so weit reduzieren, dass die Brühe gerade noch köchelt, dann das Hähnchenfleisch zugeben. 15 Minuten (bzw. bis das Fleisch gar ist) kochen.
2. Risoni-Nudeln zugeben und weitere 10–15 Minuten kochen (bis die Risoni weich sind), danach den Topf von der Kochstelle nehmen und 15 Minuten abkühlen lassen.
3. Das Ei in einer Schüssel verquirlen und während des Rührens den Zitronensaft zugießen. Drei Kellen von der heißen Suppe hinzufügen, dabei weiter quirlen.
4. Die Eierbrühe langsam zurück in den Suppentopf gießen und sehr vorsichtig erwärmen*, bis die Suppe leicht eingedickt ist. Mit Salz und frisch gemahlenem schwarzen Pfeffer abschmecken und servieren.

** Hinweis: Erhitzen Sie die Suppe nicht zu stark, da das Ei sonst gerinnt.*

Für 4 Personen

LINSENSUPPE (SOUPA FAKI)

Zutaten

500 g Linsen
Olivenöl
2 mittelgroße Zwiebeln, gehackt
2 Stangen Sellerie, gehackt
2 kleine Möhren, gehackt
2 Knoblauchzehen, zerkleinert
2 Esslöffel Tomatenmark
2 Lorbeerblätter
1 Teelöffel Oregano, getrocknet
Salz
frisch gemahlener schwarzer Pfeffer
125 ml Rotwein

Zubereitung

1. Die Linsen spülen. Das Öl in einem großen Suppentopf mit stabilem Boden bei mittlerer Temperatur erwärmen.
2. Zwiebeln, Sellerie, Möhren, Knoblauch, Tomatenmark, Lorbeerblätter und Oregano zugeben. Alle Zutaten anbraten bis die Zwiebeln glasig sind (4–5 Minuten).
3. Die Linsen hinzufügen und mit ca. 8 cm Wasser bedecken. Zum Kochen bringen und danach die Temperatur reduzieren. So lange köcheln bis die Linsen weich sind (ca. 30 Minuten). Während des Kochens gelegentlich prüfen, ob die Linsen vollständig mit Wasser bedeckt sind (wenn nötig etwas Wasser zugießen).
4. Den Topf von der Kochstelle nehmen und die Lorbeerblätter entfernen. Die Suppe mit Pfeffer, Salz und Wein abschmecken.
5. Die Suppe schmeckt am besten, wenn man sie vor dem Servieren noch ein paar Minuten stehen lässt, damit sich das Aroma besser entfalten kann.

Für 4–6 Personen

Fleisch

KULINARISCHE LECKERBISSEN

Wie in der Einführung bereits erwähnt, findet man auf griechischen Speisekarten wesentlich seltener Rindfleisch als Lamm, Ziege und Wild. Das liegt daran, dass sich das Land nicht besonders gut für die Haltung von Rindern eignet. Dennoch wird in vielen griechischen Speiselokalen Kalbfleisch angeboten, das die Grundlage für zahlreiche ausgezeichnete Schmorgerichte bildet. Generell bevorzugt man Lammfleisch, und an zweiter Stelle folgt Schweinefleisch (das meist gegrillt wird). Auch Innereien finden auf vielfältige Weise Verwendung – nichts wird verschwendet.
Eine Vielzahl von griechischen Gerichten werden aus Hackfleisch zubereitet – abwechselnd mit Pasta oder Gemüse in eine Auflaufform geschichtet. Ein Beispiel dafür ist Moussaka, für die man Auberginen, Zucchini oder Kartoffeln oder alles zusammen verwendet. Hackfleisch ist auch sehr beliebt als Füllung für Kohl, Zucchini, Auberginen, Tomaten oder Paprika, die als preiswerte Hauptgerichte serviert werden. Aus Hackfleisch stellt man auch Keftedes (Hackfleischbällchen) her, die man als Vorspeise oder als Hauptgericht isst. Sie werden mit Zimt und Anis à la Smyrna gewürzt oder mit verschiedenen Saucen, wie zum Beispiel Avgolemono, Wein- oder einer einfachen Joghurtsauce serviert. Rolo (Hackbraten) wird gern zu einem festlichen Abendessen gereicht und in der Mitte findet der überraschte Gast hart gekochte Eier. Dazu passt eine Knoblauch-Tomaten-Sauce.

RINDERBRATEN MIT ARTISCHOCKEN, OLIVEN UND OREGANO

Zutaten

2 Esslöffel Olivenöl
750 g Rinderfilet
1 Knoblauchzehe, zerkleinert
1 Bund Frühlingszwiebeln, geputzt und halbiert
125 ml Weißwein
250 ml Rinderbrühe
1 Esslöffel Tomatenmark
2 Teelöffel Oregano, fein gehackt
Salz und frisch gemahlener schwarzer Pfeffer
2 Artischocken, geputzt und geviertelt*
75 g Oliven, entsteint

Zubereitung

1. Den Backofen auf 180 °C vorheizen.
2. In einer großen feuerfesten Form mit stabilem Boden einen Esslöffel Olivenöl erhitzen, das Fleisch hineingeben und von allen Seiten rasch anbraten. Herausnehmen und beiseite stellen.
3. Das übrige Olivenöl erhitzen, Knoblauch und Zwiebel darin 1 – 3 Minuten anbraten. Mit Weißwein aufgießen, eine Minute kochen lassen und anschließend Rinderbrühe, Tomatenmark, Oregano, Pfeffer und Salz dazugeben. Den Sud aufkochen, das Fleisch wieder in die Form geben und Artischocken hinzufügen. Abdecken und 30 – 40 Minuten im Backofen garen.
4. In den letzten fünf Minuten der Garzeit die Oliven mit in die Form geben.
5. Das Fleisch in Scheiben schneiden, mit dem Gemüse auf Tellern anrichten und anschließend beides mit Bratensaft übergießen.

** Von den Artischocken die äußeren Blätter und Stiele entfernen und in eine Schüssel mit Wasser und Zitronensaft legen, damit sie nicht braun werden.*

Für 4 Personen

GRIECHISCHE LAMMSPEISE

Zutaten

350 g Lammhackfleisch
225 g frische Brotkrumen
1 Knoblauchzehe, zerkleinert
2 Esslöffel Zwiebeln, gehackt
1 Teelöffel Cumin (Kreuzkümmel), gemahlen
1 Esslöffel Petersilie, fein gehackt
1 Esslöffel Minze, fein gehackt
1 Teelöffel Oregano, fein gehackt
abgeriebene Schale von einer Zitrone
Salz und frisch gemahlener schwarzer Pfeffer
1 Ei
20 ml Olivenöl
8 Schaschlikspieße aus Holz (zuvor 30 Minuten in Wasser einweichen)

Zubereitung

1. Alle Zutaten in einer großen Schüssel mischen (bis die Masse geschmeidig ist).
2. Aus der Masse Würstchen formen und auf die Holzspieße stecken. Die Spieße auf eine Platte legen und diese über Nacht in den Kühlschrank stellen.
3. Etwas Öl auf dem Grill oder in einer Grillpfanne erhitzen und die Spieße 5 – 6 Minuten grillen, dabei regelmäßig wenden.
   Mit Tzatziki servieren.

Für 8 Personen

LAMMHACHSE MIT DICKEN BOHNEN, OLIVEN UND RISONI

Zutaten

2 Esslöffel Olivenöl
2 Knoblauchzehen, zerkleinert
4 Lammhachsen
1 Zwiebel, gehackt
500 ml Rinderbrühe
4 Oreganozweige
2 Esslöffel Tomatenmark
500 ml Wasser
225 g Risoni-Nudeln (Reis)
225 g dicke Bohnen (Saubohnen)*
115 g Oliven
2 Teelöffel frischer Oregano, fein gehackt
Salz und frisch gemahlener schwarzer Pfeffer

Zubereitung

1. Das Öl in einem großen Topf erhitzen. Knoblauch, Lammhachsen und Zwiebel fünf Minuten darin anbraten (bzw. bis die Lammhachsen leicht gebräunt sind).
2. Mit Rinderbrühe aufgießen. Oreganozweige, Tomatenmark und die Hälfte des Wasser zugeben, aufkochen, Temperatur reduzieren und mit geschlossenem Deckel 40 Minuten köcheln.
3. Die Hachsen herausnehmen, das Fleisch vom Knochen lösen und beiseite stellen.
4. Die Risoni und das restliche Wasser in den Topf geben, weitere fünf Minuten garen und anschließend Bohnen, Oliven, Fleisch, Oregano, Pfeffer und Salz hinzufügen. Alles nochmals fünf Minuten garen und anschließend servieren.

* *Hinweis: Wenn die Bohnen allzu groß sind, sollte die äußere Schale entfernt werden.*

Für 4 – 6 Personen

HACKFLEISCHBÄLLCHEN (KEFTAIDES)

Zutaten

400 g Zwiebeln, fein gehackt
1 kg Rinderhackfleisch
115 g Paniermehl
2 Eier
1 Esslöffel Minze, fein gehackt
65 ml Wasser
Salz und frisch gemahlener schwarzer Pfeffer
500 ml Pflanzenöl zum Braten

Zubereitung

1. Zwiebel, Hackfleisch, Paniermehl, Eier, Minze, Wasser, Pfeffer und Salz in einer Schüssel mischen. Dabei die Masse mit den Händen kneten, bis sie gut vermengt ist.
2. Aus jeweils 2 Esslöffel der Masse ein Bällchen formen, in etwas Mehl wenden und überschüssiges Mehl abschütteln. Die Bällchen auf dem Handteller leicht flach drücken.
3. Das Öl in einem Topf erhitzen* und jedes Bällchen ca. drei Minuten (von jeder Seite) braten, bis es dunkelbraun und durchgebraten ist.
4. Auf Küchenkrepp abtropfen lassen.
5. Heiß oder kalt mit frischem Tomatenrelish (siehe Seite 36) servieren.

* *Hinweis: Um zu prüfen, ob das Öl die richtige Temperatur zum Braten hat, stäubt man etwas Mehl hinein. Wenn es zu brutzeln beginnt, ist das Öl heiß genug. Vor dem Braten sollte man die Hackfleischbällchen ein wenig flach drücken, da sie durch die Hitze noch etwas aufgehen.*

Ergibt 40 Hackfleischbällchen

KANINCHENKASSEROLLE MIT OLIVEN UND ZWIEBELN (LAGO STIFADO)

Zutaten

750 g Kaninchenfleisch, portionsweise zerteilt
375 ml trockener Weißwein
3 frische Oreganozweige
3 Lorbeerblätter
80 ml Olivenöl
220 g kleine Zwiebeln, geschält und halbiert
6 Knoblauchzehen, ungeschält
1 Esslöffel Paprika
170 ml Hühnerbrühe
115 g schwarze Oliven
Salz und frisch gemahlener schwarzer Pfeffer
frische Oreganozweige zum Garnieren
knuspriges Brot

Zubereitung

1. Kaninchenfleisch in eine große Schüssel mit Wein, Oregano und Lorbeerblättern legen und über Nacht in den Kühlschrank stellen.
2. Das Kaninchenfleisch aus der Marinade nehmen, abtrocknen und die Marinade beiseite stellen. Den Backofen auf 180 °C vorheizen.
3. Das Öl in einer großen Pfanne erhitzen und darin das Kaninchenfleisch von beiden Seiten anbraten.
   Das Fleisch aus der Pfanne nehmen und in eine Kasserolle geben.
4. In der Pfanne Zwiebeln und Knoblauch anbraten. Sobald sie goldbraun sind, Paprika zugeben und zwei Minuten unter ständigem Rühren weiter braten. Anschließend mit der Brühe und der restlichen Marinade aufgießen und zum Kochen bringen.
5. Den Sud über das Kaninchenfleisch gießen, die Oliven zugeben und mit Pfeffer und Salz würzen.
6. Die Kasserolle abdecken und ca. eine Stunde und 15 Minuten garen (bzw. bis das Fleisch weich ist). Mit frischem Oregano garnieren und dazu reichlich Brot servieren, um den Bratensaft aufzunehmen.

Für 4 Personen

LAMMLEBER MIT ZITRONE UND OREGANO

Zutaten

750 g Lammleber
125 ml Milch
1 Esslöffel Olivenöl
1 Knoblauchzehe, zerkleinert
1 mittelgroße rote Zwiebel, in Ringe geschnitten
250 g Schinkenspeck
60 ml Olivenöl, zusätzlich
75 g Mehl, gewürzt
1 Esslöffel Petersilie, fein gehackt
1 Teelöffel Oregano, fein gehackt
60 ml Zitronensaft
Salz und frisch gemahlener schwarzer Pfeffer

Zubereitung

1. Von der Leber die Haut sowie sämtliche grüne Stellen entfernen. In dünne Scheiben schneiden und in eine große Schüssel geben. Mit Milch übergießen und eine Stunde ziehen lassen.
2. In einer großen Pfanne Öl erhitzen und Knoblauch, Zwiebel und Schinkenspeck darin 2–3 Minuten anbraten. In eine Schüssel füllen und beiseite stellen.
3. Das übrige Öl in der Pfanne erhitzen, die Leber in gewürztem Mehl wenden und von beiden Seiten kurze Zeit braten. Die Leber beiseite stellen und warm halten. Zwiebel und Schinken wieder in die Pfanne geben und Petersilie, Oregano, Zitronensaft, Pfeffer und Salz hinzufügen. Alles erhitzen.
4. Die Zwiebelmischung über die Leber geben und servieren.

Für 4 Personen

MARINIERTE LAMMSPIESSE MIT PITABROT, SALAT UND JOGHURT-SAUCE (ARNI SOUVLAKIA)

Zutaten

60 ml Zitronensaft
80 ml Olivenöl
1 Knoblauchzehe, zerkleinert
1 Teelöffel Zitronenthymian, fein gehackt
Pfeffer und Salz
350 g Lammfleisch ohne Knochen, in Würfeln
4 kleine Pitabrot-Taschen

Salat

1 kleine Gurke, gewürfelt
2 Roma- oder Eiertomaten
1 spanische Zwiebel, in Ringe geschnitten
60 g Feta-Käse, zerkleinert
2 Esslöffel Olivenöl
1 Esslöffel Essig
Pfeffer und Salz

Joghurtsauce

200 g Naturjoghurt
1 Knoblauchzehe, zerkleinert
100 g Gurke, geraspelt
1 Teelöffel Minze, fein gehackt
Pfeffer und Salz zum Abschmecken

Zubereitung

1. Zitronensaft, Olivenöl, Knoblauch, Zitronenthymian, Pfeffer und Salz in einer Schüssel verrühren und darin das Lammfleisch mindestens 1–2 Stunden oder über Nacht (wenn zeitlich möglich) marinieren.
2. Alle Salatzutaten in einer Schüssel vermengen und beiseite stellen.
3. Die Zutaten für die Joghurtsauce in einer Schüssel mischen und ebenfalls beiseite stellen.
4. Das Lammfleisch auf dem Holzkohlegrill einige Minuten von beiden Seiten grillen, bis es gar ist (jedoch noch leicht rosa). Jede Pita-Tasche mit Fleisch, Salat und Joghurtsauce füllen und warm servieren.

Für 4–6 Personen (je nach Größe der Pitabrot-Taschen)

SCHWEINEKOTELETTS MIT QUITTEN

Zutaten

1 Esslöffel Olivenöl
4 Schweinekoteletts

Sauce

20 ml Olivenöl
1 Knoblauchzehe, zerkleinert
1 mittelgroße rote Zwiebel, in Ringe geschnitten
1 mittelgroße Quitte, geschält, entkernt und in dünne Spalten geschnitten
125 ml Weißwein
Saft einer Orange (80 ml)
125 ml Hühnerbrühe
Zimtstange
1 Esslöffel Honig
1 Esslöffel Petersilie, gehackt
Salz und frisch gemahlener schwarzer Pfeffer

Zubereitung

1. Einen Esslöffel Öl in einer großen Pfanne erhitzen.
2. Darin die Koteletts 2–3 Minuten von jeder Seite anbraten und anschließend beiseite stellen.
3. Das restliche Öl in der Pfanne erhitzen. Knoblauch und Zwiebel darin 2–3 Minuten braten. Danach die Quitten dazugeben und alles nochmals 3 Minuten braten. Mit Weißwein aufgießen und 2 Minuten köcheln lassen (bzw. bis die Flüssigkeit eingekocht ist).
4. Orangensaft, Hühnerbrühe, Zimtstange und Honig hinzufügen und bei geringer Wärmezufuhr 10–15 Minuten köcheln (bzw. bis die Sauce etwas eingedickt ist). Das Fleisch wieder in die Pfanne geben und nochmals 5–10 Minuten garen. Mit Petersilie, Pfeffer und Salz würzen. Die Quittenmischung über die Koteletts geben und servieren.

Für 4 Personen

Pastitsio

PASTITSIO (LASAGNE)

Zutaten
60 ml Öl
1 Zwiebel, in Ringe geschnitten
1 kg Rinderhackfleisch
2 Esslöffel Tomatenmark
400 g Dosentomaten
225 ml Wasser
2 Teelöffel Oregano, gehackt
1 Teelöffel Zucker
1 Esslöffel Worcestershire-Sauce
1 Zimtstange
Pfeffer und Salz
400 g Penne, gekocht
2 Eier, komplett
165 g geriebener Romano-Käse, zum Bestreuen

Béchamelsauce
125 g (ungesalzene) Butter
3 Esslöffel Mehl
1 l Milch
250 g Romano-Käse
4 Eigelb

Zubereitung
1. Das Öl erhitzen und die Zwiebel fünf Minuten darin anbraten. Das Hackfleisch dazugeben und zehn Minuten braten. Dabei das Hackfleisch mit einer Gabel zerpflücken.
2. Tomatenmark, Tomaten, Wasser, Oregano, Zucker, Worcestershire-Sauce und Zimtstange hinzufügen und zum Kochen bringen. Anschließend 45 Minuten köcheln (bis die Masse gar und die Sauce dickflüssig ist). Wenn nötig, während des Kochens noch etwas Wasser zugeben. Mit Pfeffer und Salz würzen.
3. Für die Béchamelsauce die Butter in einem Topf zerlassen, das Mehl zugeben und drei Minuten anschwitzen. Die Milch unter ständigem Rühren zugießen, aufkochen und die Sauce so lange bei niedriger Temperatur kochen, bis sie eindickt. Den Käse und die vier Eigelb in die Sauce geben und alles gut verrühren. Abschließend mit Pfeffer und Salz abschmecken.
4. In einer großen feuerfesten Form die Penne und das Hackfleisch mischen und zwei Eier unterrühren. Alles mit Béchamelsauce übergießen und mit dem übrigen Käse bestreuen. Im Backofen 30 – 45 Minuten überbacken (bis der Käse goldbraun und die Masse fest geworden ist).
5. In Stücke zerteilt heiß oder kalt servieren und als Beilage einen griechischen Salat reichen.

Für 10 Personen

KNOBLAUCH-LAMMBRATEN MIT ROSMARIN UND RISONI

Zutaten

1 – 1 1/2 kg Lammkeule, ohne Knochen
5 Rosmarinzweige
2 Knoblauchzehen, in dünne Scheiben geschnitten
65 ml Rotwein
1 Esslöffel Rosmarin, gehackt
2 Esslöffel Olivenöl
Salz; schwarzer Pfeffer

Risoni

40 ml Olivenöl
1 Knoblauchzehe
1 Zwiebel, gehackt
225 g Risoni-Nudeln (Reis)
1 Esslöffel Rosmarin, gehackt
Pfeffer und Salz
400 g Dosentomaten
250 ml Wasser

Zubereitung

1. Den Backofen auf 220 °C vorheizen.
2. Das Lammfleisch einschneiden und mit Knoblauchscheiben und kleinen Rosmarinzweigen „spicken".
3. Das Lamm mit Rotwein und Olivenöl übergießen, mit gehacktem Rosmarin bestreuen und mit Salz und schwarzem Pfeffer würzen.
4. In einem Topf das Öl erhitzen und darin Zwiebel und Knoblauch 10 Minuten anbraten (bis die Zwiebel weich ist). Risoni und Rosmarin zugeben, mit Pfeffer und Salz würzen. Anschließend von der Kochstelle nehmen und beiseite stellen.
5. Das Lamm im Backofen 15 Minuten schmoren, dann die Temperatur auf 200 °C reduzieren und weitere 45 Minuten garen. Den Lammbraten aus dem Herd nehmen, die Risoni-Mischung sowie Tomaten und Wasser zugeben und alles gut mischen.
6. Das Lamm wieder in den Backofen stellen und nochmals 20 Minuten garen, bis die Risoni weich sind. (Eventuell noch etwas Wasser zugeben.)
7. Den Lammbraten auf einem Bett aus Risoni-Nudeln servieren.

Für 6 Personen

LAMMFLEISCH-MOUSSAKA MIT GEGRILLTEN AUBERGINEN

Zutaten

2 Esslöffel Olivenöl
1 Knoblauchzehe, zerkleinert
1 Zwiebel, fein gehackt
500 g Lammfleisch, in feine Würfel geschnitten
65 ml Weißwein
2 Esslöffel Tomatenmark
2 Esslöffel Petersilie, gehackt
1 Esslöffel Minze, gehackt
Salz und frisch gemahlener schwarzer Pfeffer
2 mittelgroße Auberginen, in 1 cm dicke Scheiben geschnitten und gegrillt

Käsesauce

3 Esslöffel Butter
3 Esslöffel Mehl
375 ml Milch
55 g Romano-Käse, gerieben
115 g wohlschmeckender Käse, gerieben
Pfeffer und Salz zum Abschmecken

Zubereitung

1. Den Backofen auf 180 °C vorheizen.
2. Öl in einem großen Topf erhitzen und darin Zwiebel und Knoblauch 3 – 5 Minuten anbraten (bzw. bis sie weich sind).
3. Das Lammfleisch in zwei Portionen bei mittlerer Hitze rasch anbraten. Mit Weißwein aufgießen und drei Minuten garen (bzw. bis der Wein etwas eingekocht ist). Tomatenmark, Petersilie, Minze, Pfeffer und Salz zugeben und zum Kochen bringen. Danach die Temperatur reduzieren und alles bei geschlossenem Deckel 30 – 40 Minuten schmoren (bzw. bis das Fleisch gar ist). Zum Abkühlen beiseite stellen.
4. Die Butter in einem kleinen Topf zerlassen, von der Kochstelle nehmen, das Mehl zugeben und mit der Butter verrühren. Danach etwas Milch zugießen und alles glatt rühren. Anschließend die restliche Milch zugeben, wieder erhitzen und glatt rühren. Die beiden Käsesorten, Pfeffer und Salz hinzufügen und rühren, bis die Sauce sämig und ohne Klümpchen ist.
5. Eine quadratische Auflaufform (22 x 22 cm) leicht einfetten. Die Hälfte der Auberginenscheiben auf dem Boden der Form verteilen und mit der Hälfte des Lammfleisches bedecken. Darauf wieder abwechselnd eine Schicht Auberginenscheiben und Lammfleisch geben. Zum Schluss die Käsesauce darüber gießen.
6. Die Moussaka im Backofen 30 Minuten garen (bzw. bis die Oberseite sich goldbraun färbt).

Für 4 – 6 Personen

TOMATEN-RELISH (SALTSA DOMATA)

Zutaten

1 kg Roma- oder Eiertomaten, gehackt
2 Zwiebeln, gehackt
225 g Zucker
125 ml Essig
2 Esslöffel Tomatenmark
1 Teelöffel Salz
1/2 Esslöffel Senf
1/2 Teelöffel Cayenne-Peffer (wahlweise)

Zubereitung

1. Alle Zutaten in einen mittelgroßen Topf geben und zum Kochen bringen. Anschließend eine Stunde bei niedriger Temperatur garen (bis die Masse dick und breiartig wird). Bei Bedarf mit Pfeffer und Salz nachwürzen.
2. Von der Kochstelle nehmen und in ein sauberes Glas füllen. Im Kühlschrank lässt sich das Tomaten-Relish bis zu einer Woche aufbewahren.
3. Als Beilage zu Hackfleischbällchen oder Souvlaki servieren.

Meeresfrüchte

DER GESCHMACK VON GRIECHENLAND

Viele verschiedene Zutaten werden verwendet, um Fisch und Schalentieren aus Seen, Flüssen und dem Meer ihren typisch griechischen Geschmack zu verleihen. Dazu gehören (natürlich nicht alles auf einmal) Tomaten, Knoblauch, Petersilie, Zwiebeln, Zitronensaft, Öl, Oregano, Rosmarin, Dill, Essig, Wein und Feta-Käse.
Fisch wird in Griechenland sehr geschätzt, auch außerhalb der Fastenzeit. Man genießt ihn gegrillt, gebraten oder gebacken. Aus Fischrogen stellt man Dips oder Frikadellen her (traditionell vor allem auf der Pelion-Halbinsel). Gebratener Kabeljau oder gegrillte Schwertfisch-Spieße sind besonders delikat mit Skordalia (im Mörser zerstoßener oder pürierter Knoblauch mit Kartoffelbrei oder feuchten Brotkrumen sowie Essig und Öl).
Die nordgriechische Variante wird mit Thymian, Tomaten, Lorbeerblättern und Paprika serviert.
Die königliche Seebarbe bleibt dagegen meist ohne weitere Zutaten, abgesehen von Olivenöl und Zitronensaft. Auf Korfu wird der Fisch jedoch für das Schmorgericht Burdeto mit Paprika, schwarzem Pfeffer, Cayenne-Pfeffer und gelegentlich auch Zwiebeln zubereitet und erhält so eine scharf-würzige Note.
Schalentiere schmecken ausgezeichnet, wenn sie mit Tomaten und Feta in einer Kasserolle überbacken werden. In der Gegend um Epirus sollten Sie unbedingt gehäuteten Aal probieren. Er wird mit Essig, Knoblauch und Lorbeerblättern gebraten oder mit einem Dressing aus Öl und Zitronensaft gegrillt.

MIESMUSCHELN MIT TOMATENSAUCE

Zutaten

1 Esslöffel Olivenöl
1 kleine Zwiebel, fein gewürfelt
1 Knoblauchzehe, zerkleinert
2 x 400 g Dosentomaten, abgegossen
1/2 Teelöffel Zucker
1/2 Teelöffel Salz
frisch gemahlener schwarzer Pfeffer
3 große Basilikumblätter, grob zerkleinert
1 kg Miesmuscheln, zuvor bürsten und Bart entfernen*
Basilikum zum Garnieren

Zubereitung

1. Das Öl in einem großen Topf erhitzen und Zwiebel und Knoblauch bei niedriger Temperatur darin anbraten, bis sie glasig sind. Tomaten, Zucker, Pfeffer und Salz zugeben und 20 Minuten köcheln lassen. Basilikum hinzufügen und warm halten.
2. Die Muscheln in einen großen Topf mit einer kleinen Menge kochendem Wasser legen. Bei geschlossenem Deckel und starker Wärmezufuhr kochen (bis die Schalen sich geöffnet haben).
3. Abgießen und die Muscheln auf eine Servierplatte geben. Dazu die warme Sauce in einer Schüssel reichen. Mit Basilikumblättern garnieren.

* *Hinweis: Beim Reinigen der Muscheln werden bereits geöffnete Exemplare und solche, die sich durch leichten Druck nicht schließen lassen, nicht verwendet. Muscheln, die sich nach dem Kochen nicht öffnen, werden ebenfalls aussortiert.*

Für 4 Personen

SCHWERTFISCH-SPIESSE MIT TOMATENSAUCE

Zutaten

1 Esslöffel Olivenöl
1 kleine Zwiebel, fein gewürfelt
2 Knoblauchzehen, zerkleinert
2 x 400 g Dosentomaten, abgegossen
1/2 Teelöffel Zucker
1/2 Teelöffel Salz
frisch gemahlener schwarzer Pfeffer
750 g Schwertfisch
1 grüne Paprikaschote, entkernt
1 mittelgroße Aubergine
6 Rosmarinzweige
40 ml Olivenöl
1 Esslöffel Rosmarin, gehackt
Salz und frisch gemahlener schwarzer Pfeffer

Zubereitung

1. Das Öl in einem großen Topf erhitzen und Zwiebel und Knoblauch bei niedriger Temperatur anbraten (bis sie glasig sind). Tomaten, Zucker, Pfeffer und Salz zugeben.
2. 20 Minuten leicht köcheln lassen. Basilikum hinzufügen und warm halten.
3. Den Grill auf mittlere Temperatur vorheizen.
4. Schwertfisch, Paprika und Aubergine in große Würfel schneiden.
5. Auf acht Spieße stecken (abwechselnd mit den Rosmarinzweigen). Mit einer Mischung aus Olivenöl und gehacktem Rosmarin bestreichen.
6. Die Spieße grillen und dabei mindestens einmal wenden, um alle Seiten zu bräunen. Nochmals mit etwas Sauce bestreichen. Die Schwertfisch-Stücke sollten goldbraun sein; die Kräuter und das Gemüse etwas dunkler.
7. Zusammen mit der vorbereiteten Sauce servieren.

Für 4 Personen

FRITTIERTER TINTENFISCH MIT ZITRONE (KALAMARIA TIGANITA)

Zutaten

700 g Tintenfisch-Fangarme
115 g feiner Grieß
1 Teelöffel Salz
1 Teelöffel gemahlener Pfeffer
250 ml Olivenöl, zum Frittieren
1 Zitrone, in Spalten geschnitten

Zubereitung

1. Die Fangarme an der Seite längs aufschneiden. Die Innenhaut mit einem scharfen Messer diagonal in beide Richtungen einschneiden. Die Fangarme in 2 x 4 cm große Rechtecke schneiden.
2. In einer Schüssel Grieß, Pfeffer und Salz mischen.
3. Das Öl in einer großen Pfanne oder im Wok erhitzen. Die Tintenfischstücke in Grieß wenden. Sobald das Öl heiß genug ist, mehrere Stücke gleichzeitig darin frittieren (bis sie leicht gebräunt und knusprig sind). Auf Küchenkrepp abtropfen lassen und mit den Zitronenspalten servieren.

Für 4 Personen

GARNELEN MIT SPINAT

Zutaten

100 ml Olivenöl
1 mittelgroße Zwiebel, gewürfelt
1 rote Paprikaschote, entkernt und gewürfelt
1 Knoblauchzehe, zerkleinert
2 Tomaten, gehäutet und gewürfelt
1 1/2 Bund frischer zarter Blattspinat, gewaschen und grob zerkleinert
2 Esslöffel trockener Weißwein
Saft einer Zitrone
Salz und frisch gemahlener schwarzer Pfeffer
500 g Garnelen (Shrimps), geschält und ohne Darm
Zitronenspalten (zum Garnieren)

Zubereitung

1. Zwei Esslöffel Olivenöl in einem Topf erhitzen und die Zwiebel darin anbraten. Paprika, Knoblauch und Tomaten hinzufügen und sieben Minuten braten. Spinat, Weißwein, Zitronensaft zugeben und mit Pfeffer und Salz würzen.
2. Bei geschlossenem Deckel 8–10 Minuten leicht köcheln (bis der Spinat gar ist). Von der Kochstelle nehmen, umrühren und warm halten.
3. Das restliche Öl in eine große Pfanne geben. Sobald es heiß ist, die Garnelen unter ständigem Rühren drei Minuten darin braten (bzw. bis sie gar sind).
4. Die Garnelen unter den Spinat heben. Anschließend auf einer vorgewärmten Servierplatte anrichten und mit Zitronenspalten garnieren. Sofort servieren.

Für 4 Personen

GEGRILLTE SARDINIEN MIT RÖSTPAPRIKA

Zutaten

1–2 Esslöffel Olivenöl
250 g Sardinenfilets (16 Sardinen)
1 Esslöffel Zitronensaft
60 ml natives Olivenöl, extra
40 ml Zitronensaft, extra
1 Esslöffel Oregano, gehackt
Salz und frisch gemahlener schwarzer Pfeffer
2 rote Paprikaschoten, geröstet und in schmale Streifen geschnitten
200 g junger Blattspinat oder Rucola (Rauke), gewaschen und geputzt

Zubereitung

1. Eine Grillpfanne leicht mit Öl einpinseln und erhitzen. Die Sardinen ebenfalls mit etwas Öl bestreichen, in die Grillpfanne geben und 1–2 Minuten von jeder Seite braten.
2. Auf einen Teller legen und beiseite stellen, zuvor einen Esslöffel Zitronensaft über die Sardinen geben.
3. Olivenöl, den restlichen Zitronensaft, Oregano, Pfeffer und Salz zu einer Marinade verrühren. Spinat oder Rucola auf einem Teller (oder in einer Schüssel) anrichten, darauf die Paprikastreifen geben und obenauf vier Sardinen legen. Die Sardinen mit dem Dressing beträufeln.

Für 4 Personen

MEERESFRÜCHTE-KASSEROLLE

Zutaten

1 Esslöffel Olivenöl
1 mittelgroße Zwiebel, grob gehackt
1 Stange Lauch, fein gehackt
2 Knoblauchzehen, zerkleinert
400 g Dosentomaten
2 Lorbeerblätter
60 ml trockener Weißwein
Salz und frisch gemahlener schwarzer Pfeffer
1 kg verschiedene Arten von Fisch und Meeresfrüchten*
1 Esslöffel Petersilie, gehackt
2 Teelöffel Oregano, gehackt

Zubereitung

1. Das Öl in einer feuerfesten Kasserolle erhitzen. Zwiebel, Lauch und Knoblauch darin anbraten, bis sie weich und leicht gebräunt sind.
2. Tomaten, Lorbeerblätter, Petersilie, Wein, Salz und frisch gemahlenen schwarzen Pfeffer zugeben. Zum Kochen bringen und anschließend 20 Minuten mit geschlossenem Deckel bei niedriger Temperatur köcheln lassen.
3. Fisch mit festem Fleisch hinzufügen und fünf Minuten garen. Den übrigen, weicheren Fisch zugeben und die Schalentiere obenauf legen.
4. Bei geschlossenem Deckel nochmals 5–7 Minuten garen, bis der Fisch weich ist und sich die Schalen der Muscheln geöffnet haben. Muscheln mit noch geschlossenen Schalen aussortieren.

* *Hinweis: Geeignet sind u. a. Seebarbe, Seeteufel, Meerbrasse, Kabeljau, Tintenfisch, Miesmuscheln, geschälte Garnelen (Shrimps) und Venusmuscheln.*

Für 4–6 Personen

GEBACKENER FISCH (PSARI PLAKI)

Zutaten

1 1/2 kg Brasse oder Karpfen im Ganzen
Pfeffer und Salz
Saft einer Zitrone
125 ml Olivenöl
1 große Zwiebel, in Ringe geschnitten
3 Knoblauchzehen, in dünne Scheiben geschnitten
115 g Sellerie, gehackt
425 g Tomatenstücke aus der Dose, geschält
125 ml trockener Weißwein, wahlweise
1/2 Teelöffel Zucker
1 Teelöffel Oregano

Zubereitung

1. Den Fisch säubern, jedoch Kopf und Schwanz nicht entfernen. Die Haut kreuzweise einschneiden, mit etwas Pfeffer und Salz bestreuen und mit Zitronensaft beträufeln. 20 Minuten stehen lassen.
2. Die Hälfte des Öls in einer Pfanne erhitzen und darin Zwiebel, Knoblauch und Sellerie drei Minuten anbraten. Tomaten, Wein und Oregano zugeben und mit Pfeffer und Salz würzen. Weitere zwei Minuten garen.
3. Die Tomatenmasse in eine gefettete Auflaufform geben und den Fisch darauf legen. Den Fisch mit dem restlichen Öl beträufeln. 30 – 40 Minuten (je nach Größe) im vorgeheizten Backofen bei 180 °C backen. Dabei gelegentlich mit Flüssigkeit übergießen.
4. Den Fisch auf einer Servierplatte anrichten und ringsherum die Sauce verteilen. Als Beilage Gemüse oder Salat reichen.

Für 4 Personen

GEBACKENE SARDINENFILETS (PSARI PLAKI)

Zutaten

1 Teelöffel Olivenöl
185 g Sardinenfilets
2 Tomaten, gehäutet und gewürfelt
1/2 grüne Paprikaschote, entkernt und fein gewürfelt
1 Teelöffel Kapern, fein gehackt
1 Teelöffel Fenchel, fein gehackt
2 Teelöffel Tomatenmark
1 Knoblauchzehe, zerkleinert
40 ml Zitronensaft
Salz und frisch gemahlener schwarzer Pfeffer
1 Esslöffel Butter
Zitronenspalten zum Garnieren

Zubereitung

1. Vier Alufolie-Stücke mit Olivenöl einpinseln. Die Filets in vier Portionen teilen und mit der Hautseite nach unten flach in die Mitte der Folienstücke legen.
2. Den Backofen auf 180 °C vorheizen.
3. In einer Schüssel Tomaten, Paprika, Kapern, Fenchel, Tomatenmark, Knoblauch, Zitronensaft, Salz und frisch gemahlenen schwarzen Pfeffer mischen. Alle Zutaten gut verrühren und die Mischung über den Sardinenfilets verteilen. Obenauf etwas Butter geben und die Folienpakete dicht verschließen.
4. Auf einem Backblech 17 Minuten backen. (Danach eines der Päckchen öffnen, um zu prüfen, ob die Sardinen gar sind.) Mit Zitronenspalten garnieren und einen frischen Salat als Beilage servieren.

Für 4 – 6 Personen

BABY-LACHS IN WEINBLÄTTERN

Zutaten
4 frische Baby-Lachse, gesäubert, geschuppt und ausgenommen
Pfeffer und Salz
4 Zweige Zitronenthymian
4 Streifen Zitronenschale
Olivenöl
8 Weinblätter

Sauce
90 ml fruchtiges Olivenöl
Saft einer halben Zitrone
1 Teelöffel Kapern, fein gehackt
1/2 Teelöffel Petersilie, fein gehackt

Zubereitung
1. Den Lachs waschen und trocken tupfen. Innen mit Pfeffer und Salz würzen und anschließend einen Thymianzweig und einen Streifen Zitronenschale hinein geben. Von außen mit Olivenöl bestreichen und etwas salzen.
2. Bei frischen Weinblättern den harten Teil des Stängels entfernen. Die Blätter in kochendem Wasser drei Minuten blanchieren, danach unter kaltem Wasser abspülen und trocken tupfen. (Weinblätter aus der Konserve abgießen, mit Wasser abspülen und trocken tupfen.)
3. Zwei Weinblätter überlappend anordnen. Den Lachs an einem Ende beginnend darin einwickeln. Mit einem Stück zuvor in Wasser eingeweichten Bindfaden umwickeln. Mit den übrigen Fischen ebenso verfahren.
4. Auf dem vorgeheizten Grill 8–12 Minuten braten. Währenddessen einmal wenden.
5. Die Saucenzutaten in einer Schüssel mischen und unmittelbar vor dem Servieren leicht verrühren.

Für 4 Personen

TINTENFISCH MIT SPINATFÜLLUNG

Zutaten
4 große Tintenfisch-Fangarme*
2 Esslöffel Olivenöl
1 große Zwiebel, gehackt
2 x 400 g Dosentomaten, zerkleinert
125 ml trockener Weißwein
2 Lorbeerblätter
2 Rosmarinzweige
extra Rosmarinzweige zum Garnieren

Füllung
2 Esslöffel Olivenöl
1 mittelgroße Zwiebel, geschält und gewürfelt
220 g gekochter Spinat, nicht zu flüssig
115 g frische Brotkrumen
60 g Ricotta-Käse
1 Knoblauchzehe, zerkleinert
Salz und frisch gemahlener schwarzer Pfeffer

Zubereitung
1. Für die Füllung das Öl erhitzen und die Zwiebel darin anbraten, bis sie weich ist.
2. Pfanne von der Kochstelle nehmen und etwas abkühlen lassen, bevor die übrigen Zutaten für die Füllung zugegeben werden. Alles gut verrühren.
3. Die Tintenfisch-Fangarme spülen und trocken tupfen. Die Füllung in vier gleiche Portionen teilen und die Fangarme damit füllen. Die Enden mit kleinen Metallspießen (oder Zahnstochern) verschließen.
4. Das Öl in einer Pfanne erhitzen und die Zwiebel darin anbraten. Tomaten, Wein und Kräuter zugeben. Bei mittlerer/hoher Wärmezufuhr garen (bis die Masse eine breiartige Konsistenz erhält). Die Temperatur auf ein leichtes Köcheln reduzieren.
5. Den Tintenfisch dazugeben, mit der Masse leicht bedecken und würzen. Bei geschlossenem Deckel 30 Minuten leicht köcheln lassen.
6. Die Spieße entfernen und den Tintenfisch zerteilen.
7. Vor dem Servieren mit Sauce übergießen und mit etwas Rosmarin garnieren.

* *Hinweis: Wenn Sie keinen großen Tintenfisch bekommen, verwenden Sie stattdessen 500 g kleine Tintenfische.*

Für 4 Personen

FORELLE MIT TOMATEN UND KARTOFFELN

Zutaten
4 Forellen, küchenfertig
65 ml Olivenöl
65 ml Weißwein
400 g Dosentomaten
650 g Kartoffeln, geschält und gewürfelt
1 Esslöffel frischer Oregano, gehackt
Salz und frisch gemahlener schwarzer Pfeffer

Zubereitung
1. Den Backofen auf 180 °C vorheizen.
2. Die Kartoffeln in einen Topf mit kaltem Wasser geben und 10 Minuten kochen, bis sie gerade weich werden (keinesfalls zu lange kochen).
3. Alle Zutaten in eine Auflaufform geben.
4. Mit Folie abdecken und im Backofen ca. 20–30 Minuten garen (bis Fisch und Kartoffeln gar sind).
5. Als Beilage einen frischen Salat servieren.

Für 4 Personen

Geflügel

EINE ALTE HENNE IST VIERZIG KÜKEN WERT

Hühnerfleischgerichte sind nicht gerade die Spezialität der Griechen, doch nur selten misslingt ein Rezept mit Kotopolo (Geflügel oder Huhn). Die Einstellung der Griechen gegenüber Geflügel spiegelt sich in einem alten Sprichwort wider, das besagt: „Eine alte Henne ist vierzig Küken wert." Dies zeigt sich auf vielfältige Weise.

Ein älteres Huhn wird mit Sellerie, Lauch, Möhren und Kräutern gekocht und für Pasteten, Salate oder Frikassee verwendet, wobei man die Brühe extra serviert.

Ein Geflügelbraten wird in Griechenland mit Pinienkernen oder Kräutern bzw. nach zypriotischer Art mit Reis, Korinthen und Mandeln gefüllt. Oder man serviert ihn als Schmorbraten in Wein oder Brühe mit Paprika oder Feigen. Geflügel wird auch gern mit Zwiebel, Zimt, Pfeffer, Tomaten und Reis (nach Epirus-Art) oder mit Muskat und Joghurt gebraten.

Man schmort Geflügel auch gern in Walnuss-Sauce oder reicht es gebraten oder gebacken mit Pinienkernen und dem allgegenwärtigen (aber nie langweiligen) Avgolemono. Auch mit Spinat und Feta schmeckt Geflügel ausgezeichnet oder in einer Blätterteigpastete mit Schinkenspeck, Frühlingszwiebeln, Ei und Kefalotiri-Käse (oder Parmesan).

Für diese Rezepte eignen sich verschiedene Geflügelarten. Wachteln kann man mit Olivenöl, Zitrone und Oregano grillen. Besonders delikat sind sie jedoch, wenn sie zunächst in einer Marinade aus Honig, Zitronensaft, Orangensaft, Weinbrand und Thymian eingelegt, in Weinblätter gewickelt und anschließend im Backofen gegart werden.

GEBACKENE HÄHNCHENBRUST MIT KRÄUTERFÜLLUNG (KOTA JEMISTA)

Zutaten

4 Hähnchenbrustfilets mit Haut
2 Esslöffel cremiger Naturjoghurt
1 Knoblauchzehe, zerkleinert
1 Teelöffel Olivenöl
2 Esslöffel Minze, fein gehackt
2 Esslöffel glatte Petersilie, fein gehackt
2 Esslöffel Oregano, fein gehackt
2 Esslöffel Thymian, fein gehackt
2 Esslöffel Fenchel, fein gehackt
2 Frühlingszwiebeln, fein gehackt
Salz und fein gemahlener schwarzer Pfeffer

Zubereitung

1. Alle Zutaten* (außer das Hähnchenfleisch) in einer kleinen Schüssel gut verrühren.
2. Mit den Fingerspitzen jeweils ein Viertel der Füllung vorsichtig unter die Haut einer Hähnchenbrust schieben. Mit den Fingern von außen glatt streichen, um die Füllung zu verteilen. Mit allen 4 Fleischstücken auf die gleiche Weise verfahren. Abdecken und für 1 1/2 Stunden in den Kühlschrank stellen.
3. Den Backofen auf 180 °C vorheizen. Die Hähnchenbrüste auf den Grillrost legen und 15 – 17 Minuten garen. (Sobald klare Bratflüssigkeit austritt, ist das Fleisch gar.)

* *Hinweis: Alle Kräuter müssen sehr fein gehackt werden.*

Für 4 – 6 Personen

HÄHNCHENSPIESSE MIT JOGHURT-ZITRONEN-SAUCE

Zutaten

6 Hähnchenschenkelfilets, gewürfelt
300 g neutraler Joghurt
2 Knoblauchzehen, zerkleinert
1 1/2 Teelöffel Paprika, gemahlen
1 1/2 Teelöffel Cumin-Samen (Kreuzkümmel)
60 ml Zitronensaft
2 Esslöffel Petersilie, gehackt
2 Teelöffel Oregano, gehackt
frisch gemahlener schwarzer Pfeffer
24 Schaschlikspieße

Zubereitung

1. Die Schaschlikspieße 30 Minuten in kaltem Wasser einweichen.
2. Joghurt, Knoblauch, Paprika, Cumin-Samen, Zitronensaft, Petersilie, Oregano und Pfeffer in einer Schüssel gut verrühren.
3. Das Hähnchenfleisch auf Spieße stecken und mit der Hälfte der Joghurtsauce bestreichen. Im Kühlschrank 2–3 Stunden marinieren.
4. Auf dem Elektrogrill oder in einer Grillpfanne Öl erhitzen und die Hähnchenspieße 4–5 Minuten von jeder Seite grillen.
5. Zusammen mit der übrigen Joghurtmarinade servieren.

Für 4 Personen

REIS MIT GEFLÜGELLEBER, PINIENKERNEN UND KORINTHEN

Zutaten

1 kg Geflügelleber
75 g Butter
12 Schalotten, gehackt
375 g Rundkornreis
600 ml Hühnerbrühe
115 g Petersilie, gehackt
100 g Pinienkerne
100 g Korinthen

Zubereitung

1. Die Geflügelleber waschen und ggf. Sehnen entfernen. In mundgerechte Stücke schneiden.
2. Die Butter in einem großen Topf erhitzen und die Schalotten darin 5 Minuten anbraten (bis sie weich sind).
3. Die Leber zugeben und nochmals einige Minuten braten, bis sie gebräunt ist.
4. Reis und Hühnerbrühe mit in den Topf geben, zum Kochen bringen und anschließend (bei geschlossenem Deckel) unter gelegentlichem Rühren ca. 30 Minuten köcheln lassen (bis die Flüssigkeit eingekocht und der Reis gar ist). Falls der Reis noch nicht weich ist (und die Flüssigkeit nicht ausreicht), nochmals 100 ml Wasser zugeben und weitere 5 Minuten garen.
5. Sobald der Reis gar ist, gehackte Petersilie, Pinienkerne und Korinthen unter den Reis heben und servieren.

Für 8 Personen

HÄHNCHENPASTETE MIT RÖST-PAPRIKA, OLIVEN UND FETA-KÄSE

Zutaten

2 Esslöffel Olivenöl
1 große Stange Lauch, gewaschen und in Ringe geschnitten
1 Knoblauchzehe, zerkleinert
500 g Hähnchenbrust, gewürfelt
1 Bund frischer zarter Blattspinat, gewaschen und blanchiert
2 rote Paprikaschoten, geröstet und gewürfelt
50 g schwarze Oliven, entsteint und halbiert
200 g Feta-Käse, zerkleinert
2 Esslöffel Petersilie, gehackt
1 Esslöffel Oregano, gehackt
3 Eier
60 ml Sahne
frisch gemahlener Pfeffer
8 – 16 Tafeln Blätterteig
1 Esslöffel Olivenöl, extra
1 Esslöffel Butter, zerlassen
1 Esslöffel Sesamsamen

Zubereitung

1. Den Backofen auf 180 °C vorheizen.
2. Einen Esslöffel Öl in einer großen Pfanne erhitzen. Lauch und Knoblauch darin anbraten (bis sie weich sind). Anschließend beiseite stellen.
3. Erneut einen Esslöffel Öl erhitzen und darin das Hähnchenfleisch nach und nach jeweils 6 – 8 Minuten braten.
4. Den Spinat abgießen, das restliche Wasser herausdrücken und grob hacken.
5. In einer großen Schüssel Hähnchenfleisch, Spinat, Paprika, Oliven, Feta, Petersilie, Oregano, Eier, Sahne, und Pfeffer sorgfältig verrühren und danach beiseite stellen.
6. Eine quadratische Auflaufform (22 x 22 cm) leicht einfetten. Das übrige Öl mit der zerlassenen Butter verrühren. Zwei Blätterteigplatten aneinander legen und mit der Ölmischung bestreichen. Darauf weitere zwei Platten legen und diese wieder mit Fett bestreichen. Dies wird so lange wiederholt, bis vier Lagen Teig übereinander geschichtet sind. Diesen Teig in die Auflaufform geben. Darauf die Fleischfüllung geben. Mit den restlichen Teigplatten wie oben beschrieben verfahren und die Pastete damit abdecken. Die Teigränder nach innen in die Auflaufform schieben.
7. Abschließend auch die Oberseite mit der Ölmischung einpinseln, mit Sesamsamen bestreuen und im Backofen 40 – 45 Minuten backen.

Für 4 – 6 Personen

JUNGES HÄHNCHEN IN WEINBLÄTTERN

Zutaten

1 junges Hähnchen, halbiert
40 ml flüssiger Honig
40 ml Olivenöl
40 ml Orangensaft
2 Teelöffel Zitronenthymian, fein gehackt
125 ml Weißwein
8 – 10 Weinblätter

Zubereitung

1. Die Hähnchenhälften waschen und trocken tupfen. Honig, Öl, Orangensaft, Thymian und Wein verrühren. Hähnchenhälften in eine Schüssel legen und mit der Hälfte der Marinade übergießen. Abdecken und über Nacht in den Kühlschrank stellen. Während des Marinierens das Geflügel ein- bis zweimal wenden.
2. Den Backofen auf 180 °C vorheizen.
3. Die Hähnchenhälften mit den Weinblättern umwickeln und diese mit Spießen feststecken. In einen Bräter geben und 25 – 30 Minuten im Backofen garen. Die Weinblätter entfernen und das Geflügel nochmals für 10 Minuten in den Backofen schieben (bis es gebräunt und gar ist).
4. Die Spieße entfernen und die Hähnchenhälften auf die Weinblätter geben.
5. Restliche Marinade erhitzen, vor dem Servieren das Fleisch damit übergießen.

Für 2 Personen

HÄHNCHENBRUST MIT OREGANO UND ZITRONE

Zutaten

4 Hähnchenbrustfilets
2 Teelöffel Oregano, getrocknet
Salz und frisch gemahlener Pfeffer
2 Esslöffel Olivenöl
600 g Kartoffeln, in 5 mm dicke Scheiben geschnitten
1 Bund Frühlingszwiebeln (geputzt und halbiert)
125 ml Hühnerbrühe
75 ml Zitronensaft
2 Oreganozweige, gehackt
Pfeffer und Salz zum Abschmecken

Zubereitung

1. Das Hähnchenfleisch mit Oregano, Pfeffer und Salz würzen.
2. Das Öl in einer großen Pfanne erhitzen.
3. Hähnchenfleisch, Kartoffeln und Zwiebel zugeben und 2 – 3 Minuten rasch anbraten.
4. Mit der Brühe aufgießen und bei geschlossenem Deckel 10 – 15 Minuten köcheln (bzw. bis das Fleisch gar ist).
5. Zitronensaft und frischen Oregano hinzufügen. Weitere 3 Minuten garen. Sofort servieren.

Für 6 Personen

GEFLÜGELFRIKADELLEN NACH GRIECHISCHER ART IN TOMATENSAUCE

Zutaten

Frikadellen

500 g Geflügelhackfleisch
1 mittelgroße Zwiebel, gerieben
2 Esslöffel Petersilie, fein gehackt
1/2 Teelöffel Salz
Pfeffer
1 Ei
115 g Paniermehl
1 Esslöffel Wasser
Öl zum Braten

Tomatensauce

1 mittelgroße Zwiebel, fein gehackt
1 Knoblauchzehe, zerkleinert
1 Esslöffel Öl
440 g Dosentomaten
1 Esslöffel Tomatenmark
115 ml Wasser
1/2 Teelöffel Oregano, getrocknet
1 Teelöffel Zucker
Pfeffer und Salz
1 Esslöffel Petersilie, gehackt

Zubereitung

1. Das Geflügelhackfleisch in eine Schüssel geben, die Zwiebel hinein reiben und die übrigen Zutaten hinzufügen. Alles gut vermischen und mit den Händen etwas kneten. Mit nassen Händen aus der Masse kleine Bällchen formen. In eine Pfanne so viel Öl geben, dass der Boden 1 cm tief bedeckt ist. Die Frikadellen darin braten (bis sie auf beiden Seiten gebräunt sind) und anschließend auf einen Teller legen.
2. Zwiebel und Knoblauch in die Pfanne geben und leicht anbraten. Die restlichen Saucenzutaten zugeben und zum Kochen bringen. Die Frikadellen in der Pfanne nochmals 30 Minuten bei niedriger Temperatur (mit geschlossenem Deckel) garen.
3. Auf gekochten Spaghetti (oder anderen Pasta) servieren.

Für 4–6 Personen

Gemüse

FRESKA

„Freska!" Darauf achten Gemüseliebhaber in Griechenland besonders – dass die Zutaten frisch sind. Alle Gemüsesorten, die man in Griechenland verwendet, sind hierzulande ebenfalls erhältlich. Eine Ausnahme bildet lediglich der wilde Löwenzahn, der nicht kommerziell angeboten wird.

Frische Okraschoten, die aus Westafrika nach Griechenland kamen, sind außerhalb von Großstädten möglicherweise schwer zu bekommen. Bei griechischen Händlern findet man sie in Dosen mit Tomatensauce.

Artischocken sind bei den Griechen in vielen Variationen beliebt. Ebenso wie Spargel, der von alters her wegen seiner Heilkraft und seines Geschmacks geschätzt wird.

Kopfsalat verwendet man nicht nur für Salate, sondern bereitet daraus mit Dill und Lammfleisch auch Kasserollen-Gerichte zu. Wenn man dazu Avgolemono reicht, eignen sich diese auch sehr gut als Bestandteil eines festlichen Abendessens.

Was würden die Griechen nur ohne Spinat, Auberginen und (vor allem) Tomaten als Füllung für Pasteten anfangen? Und wie sollten sie ohne Bohnen auskommen, die in unzähligen Variationen serviert werden?

Blumenkohl und Zucchini schmecken gebraten ausgezeichnet und Lauch eignet sich hervorragend für Aufläufe, obwohl er bei weitem nicht so häufig Verwendung findet wie Zwiebel und Knoblauch.

Vegetarische Restaurants sind in Griechenland nicht üblich. Doch die Kleinbauern, die sich nur wenig Fleisch leisten können, ernähren sich sehr gesund von dem, was ihr Garten hergibt bzw. was sie bei ihrem Nachbarn eintauschen können.

FENCHEL-ZUCCHINI-PUFFER

Zutaten

150 g Mehl
1 Ei, getrennt
1 Esslöffel Olivenöl
75 ml kaltes Wasser
1/4 Teelöffel Salz und frisch gemahlener schwarzer Pfeffer
250 g Fenchelknollen
250 g Zucchini
1 Esslöffel Minze, gehackt
Öl zum Braten
Naturjoghurt mit Knoblauch (oder Tzatziki)

Zubereitung

1. Das Mehl durch ein Sieb in eine Schüssel geben und eine Mulde formen. In die Mulde Eigelb, Olivenöl und kaltes Wasser gießen. Die Zutaten in der Mitte verrühren und allmählich mit dem Mehl vermengen, bis ein glatter Teig entsteht. Mit Pfeffer und Salz würzen, abdecken und 30 Minuten an einem kühlen Ort gehen lassen.
2. Fenchel und Zucchini raspeln. Zusammen mit der Minze in den Teig rühren. Das Eiweiß steif schlagen und vorsichtig unter den Teig heben.
3. Den Teig in kleinen Mengen mit dem Löffel in eine Pfanne geben und nach und nach die Puffer braten. Sobald sie von beiden Seiten goldbraun sind herausnehmen und auf Küchenkrepp abtropfen lassen.
4. Warm mit Knoblauchjoghurt oder Tzatziki servieren.

Für 6 Personen

FRITTIERTE OKRA

Zutaten

250 g Okraschoten
225 g Mehl
1 Ei
250 ml eiskaltes Wasser
Öl zum Frittieren

Zubereitung

1. Die Okraschoten waschen und putzen. In einer großen Schüssel das Ei schaumig schlagen, Mehl und Wasser hinzufügen und alles verrühren (bis der Teig ebenfalls schaumig ist).
2. Das Öl in einer großen Pfanne erhitzen, die Okra in den Teig tauchen und in Öl 1–2 Minuten (bzw. bis sie leicht gebräunt sind) frittieren.
3. Auf Küchenkrepp abtropfen lassen und mit Zitronenspalten und Knoblauch-Walnuss-Sauce servieren.

Für 4 Personen

KNOBLAUCH-WALNUSS-SAUCE

Zutaten

2 Scheiben Brot
150 ml Wasser
60 g Walnüsse
2 Knoblauchzehen, grob gehackt
30 ml Weißweinessig
20 ml Olivenöl
Pfeffer und Salz zum Abschmecken

Zubereitung

1. Das Brot in einer kleinen Schüssel fünf Minuten in Wasser einweichen, danach ausdrücken.
2. Die Walnüsse in der Küchenmaschine zerkleinern. Brot, Knoblauch und Weißwein dazugeben und alles pürieren. Während des Pürierens Olivenöl, Pfeffer und Salz zugeben und alles zu einer dicken Sauce verarbeiten. Als Beilage zu Geflügel, Fisch oder Gemüse reichen.

FETA-OLIVEN-OMELETTE MIT RÖSTPAPRIKA-SAUCE

Zutaten

10 Eier
1 Esslöffel frischer Oregano, gehackt
frisch gemahlener schwarzer Pfeffer
65 ml Olivenöl
200 g Kartoffeln, geschält und gewürfelt
1 Zwiebel, gewürfelt
1 Knoblauchzehe, zerkleinert
150 g junger Blattspinat
60 g entsteinte Kalamata-Oliven, halbiert
80 g Feta-Käse, zerkleinert
60 g sonnengetrocknete Tomaten
3 große rote Paprikaschoten

Zubereitung

1. In einer Schüssel Eier und Oregano verrühren und mit schwarzem Pfeffer würzen. Anschließend beiseite stellen.
2. Das Öl in einer Pfanne (Ø 22 cm) erhitzen und Kartoffeln, Zwiebel und Knoblauch einige Minuten darin anbraten (bis die Zutaten weich sind).
3. Den Spinat zugeben und mit den anderen Zutaten garen (bis er beginnt zusammenzufallen). Die Pfanne von der Kochstelle nehmen. Oliven, Feta und sonnengetrocknete Tomaten hinzufügen.
4. Die Pfanne bei sehr niedriger Temperatur wieder auf den Herd stellen, die Eiermasse hineingießen und 10–15 Minuten braten. Währenddessen mit einem Spatel das Omelette ringsum am Rand von der Pfanne lösen und leicht anheben (damit das flüssige Ei sich besser verteilt).
5. Wenn es in der Mitte nahezu fest ist, das Omelette fünf Minuten unter einen Grill legen, um die Oberseite zu garen und zu bräunen.
6. Das Omelette wie eine Torte aufschneiden und mit Röstpaprikasauce servieren.
7. Für die Sauce die Paprikaschoten halbieren und die Kerne entfernen. Die halben Schoten auf einen (Holzkohle-) Grill legen, bis sie stark gebräunt sind. Abkühlen lassen und die Haut abziehen. In der Küchenmaschine pürieren und in eine Schüssel umfüllen. Ergibt 225 g.

Für 4–6 Personen

KARTOFFEL-FETA-PUFFER

Zutaten

350 g Kartoffeln, gestampft bzw. Kartoffelbrei
120 g Feta-Käse, zerkleinert
1 Ei, verquirlt
3 Frühlingszwiebeln, gehackt
3 Esslöffel frischer Dill, gehackt
1 Esslöffel Zitronensaft
abgeriebene Schale einer halben Zitrone
frisch gemahlener schwarzer Pfeffer
Mehl zum Bestäuben
Olivenöl
Dill und Zitrone zum Garnieren

Zubereitung

1. In einer mittelgroßen Schüssel Kartoffeln, Feta, Ei, Frühlingszwiebeln, Dill, Zitronensaft, Zitronenschale und schwarzen Pfeffer gut verrühren. Abdecken und 1–2 Stunden kalt stellen (bis die Masse fest ist).
2. Mit den Händen aus der Masse golfballgroße Kugeln formen und etwas flach drücken. Leicht mit Mehl bestäuben.
3. Etwas Öl in einer Pfanne erhitzen und die Puffer nach und nach braten (bis sie von beiden Seiten goldbraun sind). Auf Küchenkrepp abtropfen lassen und sofort servieren. Mit Dill und Zitrone garnieren.

Für 4 Personen

ZUCCHINI-FETA-AUFLAUF

Zutaten

750 g Zucchini
250 g Feta-Käse
4 Eier, verquirlt
2 Esslöffel geröstete Walnusskerne, gehackt
2 Esslöffel frischer Dill, fein gehackt
2 Esslöffel frische glatte Petersilie, fein gehackt
55 g Parmesan, frisch gerieben
frisch gemahlener schwarzer Pfeffer
1 Esslöffel Parmesan extra, gerieben

Zubereitung

1. Die Zucchini waschen und putzen und anschließend in einem Sieb 12–15 Minuten dämpfen. Überschüssige Flüssigkeit mit der Rückseite eines Holzlöffels auspressen.
2. Die Zucchini fein hacken und in eine große Schüssel geben. Den Backofen auf 180 °C vorheizen und eine runde feuerfeste Form (Ø 20–24 cm) mit Butter einfetten.
3. Den Feta in warmem Wasser 10 Minuten einweichen, danach abgießen. Den Käse zu einer breiartigen Masse verrühren und zu den Zucchini geben. Beides mit den restlichen Zutaten mischen und gut verrühren.
4. Die Masse in die vorbereitete Form füllen und mit etwas Parmesan bestreuen. 45 Minuten backen (bzw. bis der Auflauf fest ist). Vor dem Servieren mit einem Holzstäbchen in der Mitte die Konsistenz prüfen.

Für 6 Personen

MIT FETA UND RICOTTA GEFÜLLTE TOMATEN

Zutaten

6 große feste Tomaten
150 g Feta-Käse, zerkleinert
150 g Ricotta-Käse
60 g Pinienkerne, gehackt
10 schwarze Oliven, entsteint und gehackt
1 1/2 Esslöffel frischer Oregano, gehackt
3 Esslöffel Vollkornpaniermehl
frisch gemahlener schwarzer Pfeffer
6 schwarze Oliven zum Garnieren
Oreganoblätter

Zubereitung

1. Den Backofen auf 180 °C vorheizen.
2. Das obere Viertel der Tomaten abschneiden, das Innere herauskratzen und in eine Schüssel geben. Die abgetrennten Viertel würfeln und mit in die Schüssel geben. Die Hälfte der zerkleinerten Tomaten mit Feta, Ricotta, Pinienkernen, Oliven, Oregano, Paniermehl und Pfeffer mischen. Die Masse gut verrühren und damit die ausgehöhlten Tomaten füllen (so hoch wie möglich).
3. In eine flache, feuerfeste Form geben und 20–25 Minuten backen.
4. Die Tomaten mit einer Olive und Oregano garniert servieren.

Für 6 Personen

GEFÜLLTE PAPRIKAHÄLFTEN

Zutaten

2 große rote Paprikaschoten, halbiert und entkernt
2 Baby-Auberginen, in Scheiben geschnitten
60 g sonnengetrocknete Tomaten
50 g Oliven
100 g griechischer Feta, gewürfelt
2 Esslöffel Olivenöl
2 Teelöffel Oregano
1 Knoblauchzehe, zerkleinert

Zubereitung

1. Den Backofen auf 180 °C vorheizen.
2. Die Paprikaschoten auf ein Backblech legen und mit Auberginenscheiben, Tomaten, Oliven und Feta füllen. In einem Glas Olivenöl, Oregano und Knoblauch mischen. Die Paprikahälften mit dieser Marinade beträufeln und 20 – 25 Minuten backen.

Für 4 Personen

AUBERGINEN-RÖLLCHEN

Zutaten

2 x 225 g Auberginen
3 Esslöffel Olivenöl
3 mittelgroße Tomaten, entkernt und gewürfelt
150 g Mozzarella-Käse, fein gewürfelt
2 Esslöffel Basilikum, frisch und gehackt
Salz und frisch gemahlener schwarzer Pfeffer
frische Basilikumblätter zum Garnieren

Dressing

60 ml Olivenöl
1 Esslöffel Balsamessig
1 Tomate, gewürfelt
2 Esslöffel Pinienkerne, geröstet

Zubereitung

1. Von den Auberginen die Stiele entfernen und die Früchte längs in 5 mm dünne Scheiben schneiden. Die Scheiben beidseitig mit Öl einpinseln und von beiden Seiten grillen (bis sie weich und leicht gebräunt sind).
2. Den Backofen auf 180 °C vorheizen. In einer Schüssel Tomaten, Mozzarella, Basilikum, Pfeffer und Salz verrühren. Auf jede Auberginenscheibe ein wenig von der Füllung geben und zusammenrollen. Mit dem überstehenden Ende nach unten in eine gefettete feuerfeste Form legen und 15–17 Minuten backen.
3. In einer kleinen Pfanne etwas Dressing erhitzen und darin die Tomatenwürfel anbraten. Das restliche Öl, Balsamessig und Pinienkerne zugeben und vorsichtig erwärmen. Mit Pfeffer und Salz abschmecken. Die Röllchen auf einer Servierplatte anrichten und mit dem Dressing übergießen.
4. Vor dem Servieren mit frischen Basilikumblättern garnieren.

Für 4 Personen

GESCHMORTER LAUCH MIT GERÖSTETEN MANDELN

Zutaten

4 Stangen Lauch, nur der weiße Teil
3 Esslöffel Petersilie, gehackt
2 Esslöffel Minze, gehackt
2 Esslöffel Oregano, gehackt
2 Esslöffel Dill, gehackt
Salz und frisch gemahlener schwarzer Pfeffer
125 ml Olivenöl
200 ml kochendes Wasser
75 g frische Brotkrumen
3 Esslöffel Mandelblättchen

Zubereitung

1. Die Lauchstangen längs halbieren. Sorgfältig waschen und den Schmutz zwischen den Schichten dabei gründlich entfernen.
2. Backofen auf 180 °C vorheizen.
3. Den Lauch in eine feuerfeste Form geben und mit den Kräutern sowie Pfeffer und Salz bestreuen.
4. Mit Olivenöl und dem kochenden Wasser übergießen. Die Form abdecken und im Backofen 40 Minuten garen (bis der Lauch weich ist).
5. Den Deckel abnehmen und die Hälfte der Flüssigkeit abgießen. Den Lauch mit den Brotkrumen und Mandelblättchen bestreuen und nochmals 15–17 Minuten backen (bis die Brotkrumen und Mandelblättchen goldbraun sind). Sofort servieren.

Für 4 Personen

OKRA MIT GEMÜSE

Zutaten

375 g kleine Okraschoten
60 ml Olivenöl
1 kleine rote Paprikaschote, entkernt und gewürfelt
1 Knoblauchzehe, zerkleinert
400 g Tomaten, gehäutet und gehackt
115 g schwarze Oliven
30 g sonnengetrocknete Tomaten, zerkleinert
2 Esslöffel Weißwein
1 Esslöffel Organo, frisch gehackt
1 Teelöffel Zucker
Salz und frisch gemahlener schwarzer Pfeffer
frischer Oregano zum Garnieren

Zubereitung

1. Die Okraschoten waschen, Stiele entfernen und mit Küchenkrepp trocken tupfen.
2. Das Öl in einer großen Pfanne erhitzen. Paprika, Zwiebel und Knoblauch zugeben und so lange braten, bis sie weich und leicht gebräunt sind. Die Okra hinzufügen und weitere sechs Minuten garen. Anschließend frische und sonnengetrocknete Tomaten, Oliven, Wein, Oregano, Zucker, Pfeffer und Salz unterrühren. Mit geschlossenem Deckel bei niedriger Temperatur 20 Minuten köcheln lassen. Danach ohne Deckel nochmals 7–10 Minuten garen (bis die Okra weich sind und die Sauce etwas eingekocht und eingedickt ist).
3. Mit frischem Oregano garnieren.

Für 4 Personen

GRÜNE BOHNEN MIT TOMATENSAUCE (FASSOLAKIA)

Zutaten

500 g frische grüne Bohnen
65 ml Olivenöl
1 mittelgroße Zwiebel, gehackt
1 Knoblauchzehe, zerkleinert
250 ml Wasser
425 g Tomatenstücke aus der Dose, geschält
1 Esslöffel Tomatenmark
1 Teelöffel Zucker
1/2 Teelöffel Salz
1 Teelöffel Oregano, getrocknet

Zubereitung

1. Die Bohnen waschen und putzen.
2. Das Öl in einem Topf erhitzen und Zwiebel und Knoblauch darin anbraten, bis die Zwiebel weich, jedoch nicht gebräunt ist.
3. Das Wasser zugießen und zum Kochen bringen. Die Bohnen zugeben und 5 Minuten kochen.
4. Tomaten, Tomatenmark, Zucker, Salz und Oregano hinzufügen. Die Temperatur reduzieren und 25–30 Minuten köcheln lassen (bis die Bohnen weich sind und die Sauce etwas eingekocht ist).

OLIVENPASTE (TAPENADE)

Zutaten

110 g schwarze Oliven, entsteint
75 g Petersilie
2 Knoblauchzehen, zerkleinert
1 Esslöffel Kapern
55 g Schalotten, in Ringe geschnitten
2 Esslöffel Zitronensaft
2 Teelöffel Oregano
80 ml Olivenöl
Salz und frisch gemahlener schwarzer Pfeffer

Zubereitung

1. Oliven, Petersilie, Knoblauch, Kapern, Schalotten, Zitronensaft und Oregano in der Küchenmaschine zerkleinern.
2. Während des Pürierens allmählich das Olivenöl zugeben und alle Zutaten zu einer glatten Paste verarbeiten. Mit Pfeffer und Salz würzen.

Für 4 Personen

REIS MIT DILL, SPINAT UND ZITRONE

Zutaten

1 großer Bund frischer zarter Blattspinat, gewaschen und zerkleinert
1 Bund Dill, gehackt
1 Zwiebel, gehackt
225 g Rundkornreis
375 ml Hühnerbrühe
2 Esslöffel Olivenöl
Saft und abgeriebene Schale einer Zitrone

Zubereitung

1. Das Öl erhitzen und Zwiebel und Knoblauch eine Minute darin anbraten. Den Spinat zugeben und so lange garen, bis er beginnt zusammenzufallen.
2. Den Reis hinzufügen und umrühren. Mit der Brühe aufgießen, die Temperatur reduzieren und den Deckel für zehn Minuten schließen. Falls die Flüssigkeit verdunstet ist, bevor der Reis gar ist, noch etwas Wasser zugießen und weitere fünf Minuten kochen.
3. Sobald der Reis weich ist, Zitronensaft und gehackten Dill zugeben, mit Pfeffer und Salz abschmecken und servieren.

Für 4 Personen

Salate

HORIATIKI SALATA

Horiatiki Salata, der farbenfrohe griechische Bauernsalat, ist bei Besuchern Griechenlands ebenso beliebt wie bei Hobbyköchen, die sich der griechischen Küche verschrieben haben.
Sehr erfrischend ist auch ein Frühlingssalat. Probieren Sie zum Beispiel eine Mischung aus klein geschnittenem Kopfsalat, Schalotten, Fenchel, frischer Petersilie (oder Dill), Knoblauch mit einem Dressing aus Essig und Öl. Radikia (gekochter Löwenzahn) ist der beliebteste Wintersalat in Griechenland. Artischocken und Rote Bete (mit Knoblauch) verwendet man frisch und nicht als Konserven.
Servieren Sie als Salat doch einmal Brokkoli oder Blumenkohl (nur kurz in Wasser blanchiert) mit Öl und Zitronensaft.
Reissalat lässt sich mit Schalotten, zerkleinerten hart gekochten Eiern, Paprikaschoten, Peperoni, Dill und Mixed Pickles sowie einem Dressing aus Öl, Zitrone und wahlweise Mayonnaise und Senf zubereiten. Anschließend wird der Salat in einer Form kalt gestellt, auf Blattsalat gestürzt und mit schwarzen Oliven und Peperoni garniert. Dieser Salat ist außerhalb Griechenlands zwar kaum bekannt, wird dort aber häufig als Beilage zu Fischgerichten gereicht.
Ein einfacher Salat besteht lediglich aus Tomaten, die mit Öl beträufelt und mit Pfeffer und Oregano bestreut werden. Er ist leichter zuzubereiten als Horiatiki und lässt sich mit zerkleinertem Feta, schwarzen Oliven und dekorativer Petersilie noch etwas aufwerten. Wenn Sie einen Salat nach nordgriechischer oder kretischer Art bereiten wollen, werden die Tomaten in Scheiben geschnitten, andernfalls geviertelt.

SALAT MIT GEGRILLTEM ZIEGENKÄSE

Zutaten

4 kleine frische Ziegenkäse
1 Knoblauchzehe, zerkleinert
1 Thymianzweig, gehackt
$^{1}/_{2}$ Zitrone, halbiert und in dünne Scheiben geschnitten
grob gemahlener Pfeffer
80 ml extra natives Olivenöl
300 g gemischter Blattsalat
geröstetes Brot

Zubereitung

1. Den Käse auf einen Teller legen. Aus Knoblauch, Thymian, Zitrone, Pfeffer und Öl eine Marinade herstellen und diese über den Käse gießen. Abdecken und im Kühlschrank 4–6 Stunden ziehen lassen.
2. Den Grill vorheizen. Den Käse von beiden Seiten 3–4 Minuten grillen. Auch die Zitrone auf den Grill legen (bis sie weich ist).
3. Den Blattsalat auf vier Tellern anrichten. Darauf jeweils einen Käse geben (mit etwas Zitrone) und mit etwas Marinade beträufeln.
4. Dazu warmes geröstetes Brot reichen.

Für 4 Personen

GRIECHISCHER SALAT

Zutaten

2 kleine Gurken, in Scheiben geschnitten
4 Roma- oder Eiertomaten, geviertelt
2 spanische Zwiebeln, in Ringen oder geviertelt
80 g Feta-Käse, zerkleinert
115 g Kalamata-Oliven, im Ganzen
3 Esslöffel Olivenöl
2 Esslöffel Essig
Salz
frisch gemahlener schwarzer Pfeffer
Oreganoblätter zum Garnieren

Zubereitung

1. Alle Salatzutaten in eine Schüssel geben.
2. Olivenöl und Essig in einer Schüssel verrühren. Über den Salat gießen, anschließend mit Salz und gemahlenem schwarzen Pfeffer würzen.
3. Den Salat pur oder mit frischem Brot servieren. Mit Oreganoblättern garnieren.

Für 4 Personen

SPINATSALAT MIT FETA, ARTISCHOCKEN UND WALNÜSSEN

Zutaten

1 rote Paprikaschote, geviertelt und entkernt
20 ml Olivenöl
100 g Walnüsse
200 g junger Spinat, gewaschen
200 g griechischer Feta, gewürfelt
300 g Artischockenherzen, geviertelt
115 g schwarze Oliven, entsteint
Pitabrot zum Servieren

Dressing

125 ml extra natives Olivenöl
65 ml Zitronensaft
2 Teelöffel Honig
2 Teelöffel Oregano, gehackt
frisch gemahlener Pfeffer

Zubereitung

1. Den Grill vorheizen. Paprika unter den Grill legen und einige Zeit garen (bzw. bis sich die Oberseite dunkel färbt). In Streifen schneiden und beiseite stellen.
2. Alle Zutaten für das Dressing in ein kleines Schraubglas geben und kräftig schütteln.
3. In einer Pfanne einen Esslöffel Olivenöl erhitzen und die Walnüsse 1 – 2 Minuten darin rösten (bzw. bis sie leicht gebräunt sind). Alle Salatzutaten in einer großen Salatschüssel mischen, mit Dressing beträufeln und als Beilage Pitabrot servieren.

Für 4 – 6 Personen

DICKE BOHNEN MIT GEGRILLTEM HALLOUMI-KÄSE UND ZITRONE

Zutaten

100 g Halloumi-Käse, halbiert
Öl zum Einpinseln
250 g dicke Bohnen (Saubohnen)*, frisch oder tiefgekühlt
65 ml Zitronensaft
80 ml Olivenöl
Salz und frisch gemahlener schwarzer Pfeffer
4 Stück Pitabrot

Zubereitung

1. Den Halloumi-Käse in dünne Scheiben schneiden, mit Olivenöl bestreichen und grillen (bis er leicht gebräunt ist).
2. Bohnen und Halloumi in eine Schüssel geben. Zitronensaft, Olivenöl, Salz und gemahlenen schwarzen Pfeffer hinzufügen und mit getoastetem Pitabrot servieren.

Für 4 Personen

* *Hinweis: Wenn die Bohnen allzu groß sind, sollte die äußere Schale entfernt werden.*

ARTISCHOCKEN LA POLITA (ANGINARES POLITIKA)

Zutaten

6 Artischockenherzen
115 ml Olivenöl
115 g Schalotten, gehackt
2 Esslöffel frischer Dill, gehackt
500 g Baby-Möhren, geschält
12 Silberzwiebeln, geschält
12 kleine neue Kartoffeln
Saft einer Zitrone
Wasser
Pfeffer und Salz
2 Esslöffel Pfeilwurzelmehl (Arrowroot)

Zubereitung

1. Die Artischockenherzen putzen. Dazu die äußeren Blätter entfernen und den Stielansatz abschneiden. Das obere Drittel der Artischocken abtrennen und das Innere herauskratzen. Artischocken halbieren und in eine Schüssel mit kaltem Wasser und einem Spritzer Zitronensaft legen (um Verfärbungen zu verhindern).
2. Die Hälfte des Öls in einem großen Topf erhitzen und Schalotten und Dill darin anbraten (bis sie weich sind).
3. Die Zwiebeln am unteren Ende kreuzweise einschneiden und in den Topf geben. Möhren und Kartoffeln hinzufügen. Zitronensaft, das restliche Öl, Pfeffer und Salz zugeben. Mit so viel Wasser aufgießen, dass alles bedeckt ist. 15 Minuten dünsten.
4. Die Artischockenherzen auf das Gemüse geben und nochmals 15 Minuten garen (bzw. bis sie weich sind).
5. Mit einem Schaumlöffel das Gemüse auf eine vorgewärmte Servierplatte geben. Hübsch anrichten, sodass die verschiedenen Gemüsesorten sichtbar sind. Warm halten.
6. Die Kochflüssigkeit mit Pfeffer, Salz und Zitronensaft abschmecken und (falls nötig) nachwürzen. Pfeilwurzelmehl unter Rühren zugeben und Kochflüssigkeit erhitzen, um die Sauce anzudicken. Anschließend über das Gemüse gießen. Als Hauptgericht mit knusprigem Brot servieren.

Für 6 Personen

Desserts

GRIECHISCHE FRÜCHTE

Frouta (Obst) ist als Nachtisch allgemein üblich. Zu Hause wird es geschält und zerteilt. Dabei bietet der Gastgeber die erste Portion dem Gast an. Ihm wird damit das Vorrecht zuteil, als erster davon zu probieren. Die meisten griechischen Früchte werden dem Leser sicher vertraut sein, mit Ausnahme der Kaktusfeige, die in Konsistenz und Geschmack dem Pfirsich oder der Birne ähnelt. Frische Feigen mit Walnüssen stehen hoch im Kurs. Für ein einfaches, aber ausgezeichnetes Dessert weicht man konservierte Feigen in griechischem Weinbrand ein, bestreut sie mit Walnüssen und serviert sie mit einem Häubchen aus Schlagsahne.

Bei den gekochten Desserts ist als erstes Halva zu nennen. Das ist die türkische Bezeichnung für ein Grießgebäck mit Nelken, Zimt, Mandeln, Zitronensaft und Zuckersirup. Auch für nicht-griechische Köche ist es mühelos herzustellen.

Kadaifi ist ein strudelartiges Blätterteiggebäck, das in den meisten Supermärkten angeboten wird. Mit Sahne-, Nuss- oder Puddingfüllung schmeckt es hervorragend als Nachspeise.

Lukumades (frittierte Teigkugeln mit Honig) sind auch außerhalb Griechenlands recht bekannt und werden heiß gegessen.

Milchkuchen, Reispudding und Baklava (Blätterteig-Roulade gefüllt mit Nüssen und Gewürzen) sind ebenfalls sehr beliebt. Thiples (ein Schmalzgebäck) bietet man den Gästen bei Festen an oder serviert sie als Teil eines Desserts.

MANDELHÖRNCHEN

Zutaten

400 g geklärte Butter
50 g Puderzucker
1 Esslöffel Vanilleessenz
100 g Mandeln, blanchiert und geröstet
1 Eigelb
700 g Mehl
Gewürznelken
Puderzucker zum Bestäuben

Zubereitung

1. Den Backofen auf 170 °C vorheizen.
2. Die Butter (mit dem Zucker) schaumig schlagen, bis die Masse blass und cremig ist. Anschließend Vanilleessenz und Mandeln zugeben und gut verrühren. Das Eigelb unterrühren. Danach das Mehl durch ein Sieb geben und mit einem Metalllöffel unterheben. Den Teig mit den Händen zwei Minuten leicht kneten (bis er glatt ist). In Plastikfolie wickeln und 15 Minuten in den Kühlschrank legen.
3. Den Teig mit den Händen flach (1 – 2 cm dick) ausbreiten und zu halbmondförmigen Hörnchen rollen. In die Mitte jeweils eine Nelke stecken. Die Hörnchen auf ein Backblech legen und 15 Minuten backen (bzw. bis sie goldgelb sind).
4. Aus dem Backofen nehmen, auf ein Stück Backpapier legen und (während die Hörnchen noch heiß sind) mit Puderzucker bestäuben, so dass sie vollständig bedeckt sind. Abkühlen lassen und in einem luftdicht schließenden Behälter lagern.

Ergibt 20 Hörnchen

GRIESSKUCHEN MIT ZITRONE UND JOGHURT

Zutaten
125 g weiche Butter
165 g Puderzucker
abgeriebene Schale einer halben Zitrone
4 Eier
225 g feiner Grieß
2 Teelöffel Backpulver
225 g gemahlene Mandeln
225 g Rosinen
115 g Mandelblättchen
200 g Joghurt

Sirup
225 g Puderzucker
250 ml Zitronensaft
115 ml Honig

Zubereitung
1. Den Backofen auf 180 °C vorheizen.
2. Eine Backform (Ø 20 cm) einfetten und mit Backpapier auslegen.
3. Butter, Zucker und Zitronenschale in eine große Schüssel geben und mit dem Rührgerät schaumig rühren.
4. Nach und nach die Eier zugeben und dabei nach jedem Ei gut durchrühren.
5. Grieß, Backpulver und gemahlene Mandeln unterheben. Rosinen, Mandelblättchen und Joghurt zugeben und vorsichtig verrühren.
6. Die Masse in die vorbereitete Kuchenform füllen und 35 – 45 Minuten backen (bzw. bis die Oberseite des Kuchens leicht gebräunt ist).
7. Für den Sirup in einem kleinen Topf Zucker, Zitronensaft und Honig verrühren. Bei niedriger Temperatur 15 – 20 Minuten erwärmen (bzw. bis eine dickflüssige Konsistenz entsteht).
8. Mit einem Holzstäbchen den Kuchen gleichmäßig einstechen. Den Sirup etwas abkühlen lassen und über den Kuchen gießen. Mit Sahne servieren.

Für 6 – 8 Personen

GEBACKENE DATTELN UND ÄPFEL

Zutaten

5 große Kochäpfel
Butter zum Einfetten
200 g frische Datteln, entsteint und halbiert
Saft einer halben Zitrone
Saft von 2 Orangen
abgeriebene Schale von einer Orange
2 Zimtstangen
3 Esslöffel flüssiger Honig
Naturjoghurt zum Servieren
gemahlener Zimt zum Bestreuen

Zubereitung

1. Den Backofen auf 180 °C vorheizen.
2. Die Äpfel schälen und in dünne Scheiben schneiden. In eine flache feuerfeste Form geben, die zuvor eingefettet wurde. Datteln, Orangen- und Zitronensaft, Orangenschale und Zimtstangen dazugeben. Alles mit Honig beträufeln.
3. Abdecken und 45 – 55 Minuten backen (bis die Früchte weich sind und das Aroma sich entfaltet hat).
4. Heiß oder gekühlt mit griechischem Joghurt servieren und mit Zimt bestreuen.

Für 4 Personen

BAKLAVA

Zutaten
225 g Butter, zerlassen
400 g Mandeln, blanchiert, geröstet und zerkleinert
1 1/2 Teelöffel Zimt
115 g Puderzucker
700 g Blätterteig

Sirup
650 g Puderzucker
350 ml Wasser
1 Zimtstange
1 Stück Orangen- oder Zitronenschale
1 Esslöffel Honig

Zubereitung
1. Die Butter zerlassen und beiseite stellen.
2. Die Mandeln in einer Schüssel mit Zucker und Zimt mischen.
3. Eine Backform (25 x 33 cm) mit der Butter einpinseln.
4. Auf den Boden eine Lage Blätterteig geben, dabei die Enden über den Rand stehen lassen. Mit zerlassener Butter bestreichen und eine weitere Schicht Blätterteig darüber geben. Auf diese Weise acht Teiglagen übereinander schichten.
5. Die Mandelmischung großzügig über den Teig verteilen. Danach immer abwechselnd eine Schicht Mandeln und drei Lagen Blätterteig in die Form geben, bis die Mandeln aufgebraucht sind.
6. Obenauf acht weitere Teigschichten geben und die letzte reichlich mit Butter bestreichen. Die oberste Lage längs in parallele Streifen schneiden.
7. Im Backofen 30 Minuten bei 275 °C backen, anschließend die Temperatur auf 150 °C reduzieren und nochmals 60 Minuten backen. Den kalten Sirup darüber gießen und die Baklava karoförmig aufschneiden.
8. **Sirup:** Alle Zutaten in einem Topf zum Kochen bringen. Danach bei niedriger Temperatur 10–15 Minuten köcheln. Vor Verwendung abkühlen lassen.

Mandel

MANDELGEBÄCK

Zutaten

500 g Mandeln, blanchiert
250 g Puderzucker
2 mittelgroße Eier
20 g weiche Weißbrotkrumen
80 ml flüssiger Honig

Zubereitung

1. Die Mandeln in der Küchenmaschine (mit ein wenig Zucker) zerkleinern. Den übrigen Zucker mit den Eiern schaumig schlagen, bis die Masse blass und cremig ist. Die zerkleinerten Mandeln und die Brotkrumen zugeben und alles gut verrühren.
2. Den Backofen auf 180 °C vorheizen.
3. Aus der Masse (mit einem Esslöffel) Karos formen und auf einem antihaft-beschichteten Backblech 15 Minuten backen.
4. Das noch warme Gebäck auf ein Kuchengitter legen und mit warmem Honig bestreichen. Vor dem Servieren ein wenig abkühlen lassen.

Ergibt 38 – 40 Stück

GRIECHISCHES MÜRBEGEBÄCK (KURABIEDES)

Zutaten

250 g Butter
2 Esslöffel Puderzucker
1 Esslöffel Weinbrand
550 g Mehl, gesiebt
115 g Mandeln, gehackt
1 Teelöffel Backpulver
Gewürznelken, im Ganzen
Rosenwasser
500 g Puderzucker, gesiebt

Zubereitung

1. Die Butter schaumig schlagen. Zwei Esslöffel Puderzucker und den Weinbrand dazugeben.
2. Mandeln und die Hälfte des gesiebten Mehls unterrühren. Mit den Händen das restliche Mehl nach und nach zugeben und alles zu einem weichen Teig verkneten. Falls der Teig zu klebrig ist, noch etwas Mehl zugeben.
3. Aus dem Teig kleine Kugeln formen und diese in der Handfläche etwas flach drücken. Mit Daumen und Zeigefinger vier kleine Vertiefungen eindrücken und in jede eine Nelke stecken. Die Plätzchen auf ein ungefettetes Backblech legen.
4. Im leicht vorgeheizten Backofen 15 – 20 Minuten bei 180 °C backen (bis sie goldgelb, jedoch nicht braun sind). Aus dem Backofen nehmen und fünf Minuten abkühlen lassen. Danach mit etwas Rosenwasser besprenkeln.
5. Puderzucker auf einen großen Bogen Pergamentpapier oder ein großes Kuchenbrett sieben. Darauf die warmen Plätzchen geben und im Puderzucker wälzen. Auf dem Puderzucker auskühlen lassen.

Ergibt ca. 25 Stück

BUTTERKEKSE (KOULOURIA)

Zutaten

125 g Butter
125 g Butterschmalz
275 g Puderzucker
1/2 Teelöffel Zimt, gemahlen
3 Eier
85 ml Weinbrand
1 1/2 Teelöffel Backpulver
900 – 1000 g Mehl
Eiglasur
Sesamsamen

Zubereitung

1. Butter, Butterschmalz und Zucker schaumig rühren und Zimt zugeben. Nach und nach die Eier zugeben und gut verrühren.
2. Weinbrand und Backpulver dazugeben und anschließend allmählich das Mehl unterrühren. So viel Mehl verwenden, dass ein fester (jedoch nicht zu trockener) Teig entsteht. Es ist günstig, zunächst die Hälfte des Mehls und danach jeweils kleinere Mengen zuzugeben (bis der Teig die gewünschte Konsistenz hat). Prüfen Sie die Beschaffenheit, indem Sie ein wenig Teig zwischen den Händen rollen: wenn er nicht klebt und sich gut formen lässt, ist die Mehlmenge ausreichend.
3. Den Teig zu dünnen Strängen (in Bleistiftgröße) rollen, in Sesam wenden und daraus Kringel, Schnecken oder Brezeln formen. Auf ein gefettetes Backblech legen, mit Eiglasur bestreichen und 15 – 20 Minuten im leicht vorgeheizten Backofen bei 190 °C backen. Auf einem Kuchengitter abkühlen lassen.

Ergibt ca. 48 Stück

KANDIERTE ORANGENSCHALEN (GLYKO PORTOKALI)

Zutaten

6 große Orangen
650 g Zucker
650 ml Wasser
1 Esslöffel Zitronensaft

Zubereitung

1. Die Orangen rings herum oberflächlich mit einer Reibe behandeln bzw. kräftig bürsten.
2. Die Orangen einschneiden, längs in sechs Segmente teilen und die Schale sorgfältig entfernen. Die Schalen aufrollen und auf einen langen Baumwollfaden fädeln. (12 Röllchen pro Faden).
3. Die Röllchen in einen großen Topf mit kaltem Wasser legen und zum Kochen bringen. Sobald das Wasser kocht, abgießen. Danach frisches Wasser auffüllen und erneut zum Kochen bringen. Diesen Vorgang noch zweimal wiederholen, um den Schalen den bitteren Geschmack zu nehmen.
4. Die Röllchen nochmals mit kaltem Wasser bedecken, wieder zum Kochen bringen und die Schalen diesmal so lange kochen, bis sie weich sind. Anschließend abgießen.
5. In einem sauberen Topf Zucker und Wasser aufkochen und den Zucker unter Rühren auflösen. Zitronensaft und Orangenschalenröllchen hineingeben. 20 – 30 Minuten köcheln lassen (bis der Sirup beim Test auf einer kalten Untertasse geliert). Etwas abkühlen lassen.
6. Jeweils ein Röllchen auf einem kleinen Teller mit einem Löffel servieren. Passt hervorragend zu einer Tasse Kaffee nach dem Mittagessen.

GEFÜLLTE BACKPFIRSICHE

Zutaten

4 große feste Pfirsiche
2 Esslöffel Puderzucker
1 Eigelb
25 g weiche Butter
225 g Paniermehl
55 g Mandeln, zerkleinert
250 ml lieblicher Weißwein
75 g Mandelsplitter

Zubereitung

1. Backofen auf 180 °C vorheizen.
2. Die Pfirsiche halbieren und die Steine entfernen. Ein wenig Fruchtfleisch herauskratzen, grob zerkleinern und in eine Schüssel geben. Zucker, Eigelb und Butter dazugeben und alles glatt rühren. Paniermehl und Mandeln unterrühren.
3. Die Masse in acht Portionen teilen und die Pfirsichhälften damit füllen. Die Pfirsiche in eine gefettete feuerfeste Form geben, mit Wein übergießen und mit Mandelsplittern bestreuen.
4. 30 Minuten backen (bzw. bis die Pfirsiche weich, jedoch noch nicht zerfallen sind).
5. Mit der Bratflüssigkeit beträufeln und warm servieren.

Für 4 Personen

GLOSSAR

Avgolemono: Eier-Zitronen-Sauce
Baklava: Blätterteiggebäck mit Honig und Mandeln, manchmal mit Gewürzen gefüllt
Barbunia: Rotbarbe; begehrtester und teuerster Fisch Griechenlands
Bourdeto: Fischgericht von der Insel Korfu, oft mit Paprika und Zwiebeln zubereitet
Busuki: traditionelles griechisches Folklore-Ensemble, das auf dem gleichnamigen Saiteninstrument musiziert
Chipura: alkoholisches Getränk, das aus Traubenschalen gewonnen wird
Chronia polla: „langes Leben"
Dolmades: gefüllte Weinblätter
Faki: Linsen
Fasolada: Bohnensuppe
Feta: beliebter griechischer Weichkäse
Frappe: in Griechenland: Eiskaffee
Frouta: Frucht/Obst
Galaktopoleia: Molkereigeschäft, in dem es Milchprodukte, Eiscreme, Backwaren, Tee und Kaffee gibt.
Halloumi: griechischer Weichkäse, oft zum Grillen verwendet
Horiatiki salata: gemischter Bauernsalat
Hummus: Kichererbsen
Kadaifi: strudelartiges Blätterteiggebäck mit Nüssen
Kafenion: Kaffeehaus; Treffpunkt der Männer (und zunehmend auch der Frauen), um zu reden, Karten und Backgammon zu spielen, Kaffee zu trinken oder Ouzo mit Mezedes zu genießen
Kakavia: gehaltvolle Fischsuppe
Kalamari: Tintenfisch
Kaliorexi: „Guten Appetit!"
Kefalotiri: griechischer Hartkäse, ähnlich wie Parmesan; wird hauptsächlich für Haupt- und Pastagerichte verwendet.
Keftedes: gebratene (manchmal gekochte) Hackfleischbällchen mit Kräutern
Koboloi: Betperlen
Kokoretsi: in Darm gewickelte Lamm-Innereien
Kotopolo: Geflügel oder Huhn
Koulouria: Kuchen, Brot und Gebäck, das speziell zu Ostern gebacken wird
Lago stifado: Hasenschmorbraten
Lukumades: frittierte Teigkugeln mit Zimt und Honig
Magiritsa: mitternächtliche Ostersuppe
Marides: winzige Breitlinge (Sprotten), serviert als Appetithappen oder Hauptgericht
Melitzanasalata: wörtlich übersetzt Auberginensalat; in Wirklichkeit jedoch ein Auberginenpüree
Mezedes: Appetithappen bzw. Vorspeisen
Mizithra: weicher Käse aus Schafsmilch
Moussaka: Auflauf aus Auberginen, Zucchini, Kartoffeln, Rindfleisch und Béchamelsauce
Okra: grünes Schotengemüse, stammt ursprünglich aus Afrika
Ouzeri: kleines Restaurant, in dem Ouzo ausgeschenkt wird und gelegentlich am Abend kleine Gerichte serviert werden
Ouzo: Anisschnaps, der mit Wasser verdünnt wird und sich dabei milchig verfärbt
Pastitsio: überbackenes Pastagericht mit Rindfleisch, Käse und Tomaten
Patsa: kräftige Suppe mit Knoblauch, Kutteln und Lammfüßen.
Pita: flaches rundes orientalisches Brot, häufig aufgeschnitten und mit verschiedenen Füllungen serviert
Radikia: wilder Löwenzahn; wird ähnlich wie Spinat heiß oder kalt mit einem Dressing aus Zitrone und Öl gegessen.
Raki: alkoholisches Getränk (ähnlich wie Chipura), wird von Kretern und Griechen, die nahe der Türkei leben, bevorzugt
Rembetika: griechische Folklore; ähnelt ein wenig dem amerikanischen Blues
Retsina: traditioneller trockener griechischer Wein, mit Kiefernharz behandelt
Rolo: Hackbraten mit hart gekochten Eiern in der Mitte und Knoblauchsauce
Saganaki: Gericht (gebacken oder gebraten) mit Zwiebeln, Tomaten und Käse
Skordalia: dicke Knoblauchsauce mit Öl, Essig und Kartoffelbrei oder feuchten Brotkrumen
Sofrito: geschmorter Rinderbraten mit Essig und Knoblauch (von der Insel Korfu)
Stifado: Schmorgericht mit Zwiebeln
Sudzukakia: hausgemachte Würstchen mit Cummin (Kreuzkümmel) aus Thessaloniki
Tahini: Sesampaste
Taramasalata: Fischrogenaufstrich
Thiples: Schmalzgebäck, als Dessert oder Begrüßungssnack gereicht
Tzatziki: griechischer Dip oder Salat aus Gurke, Joghurt und Minze
Zaharoplasteia: Süßwarengeschäft, in dem es Gebäck, Kuchen, Schokolade und Getränke (auch Alkohol in Flaschen) gibt
Zesty parakalo: „Heiß bitte"

REGISTER

Impressum

Titel der Originalausgabe
Greek Food
von R&R Publications Marketing
Pty. Ltd. Australia

Deutsche Erstausgabe

Layout und Design: Icon Partners Pty. Ltd.
Food-Fotografie: Andrew Elton, Bill Holdsworth
Food-Styling: Stephanie Souvlis
Rezeptentwicklung: Stephanie Souvlis, Jenny Fanshaw, Amanda Cooper
Hauswirtschaftliche Beratung: Jenny Fanshaw
Koordination und Bearbeitung der deutschen Ausgabe: Neumann & Nürnberger, Leipzig
Übertragung ins Deutsche: Franka Reinhart, Bismark
Umschlaggestaltung: Studio Höpfner-Thoma, München
Umschlagmotiv: Huber, Garmisch-Partenkirchen
Gesamtherstellung: Offizin Andersen Nexö, Leipzig
Printed in Germany